英語は
アジアを結ぶ
本名信行

玉川大学出版部

はじめに

　私は1998年の春夏に、シンガポールのRELC（地域言語センター）で客員教授を務めた。RELCはSEAMEO（東南アジア教育大臣機構）が統括運営する機関で、ASEAN（東南アジア諸国連合）の国々の英語教育と研究を振興するために1968年に設立された。98年はちょうど30周年にあたり、盛大な記念行事が行われた。

　RELCはシンガポールの目抜き通りオーチャード・ストリートに近く、たいへん便利な所にある。教育研究機関であると同時にホテルも経営していて、賑やかな社交場という感もある。日本のJICA（国際協力事業団）や、フランスやカナダのODA（政府開発援助）などの出先機関もオフィスをかまえている。

　私はその17階にあるアパートメントに住み、6階にあるオフィスに通った。こんな職住近接は初めてのことで、毎日フレッシュな気持ちでいろいろと考えることができた。何よりもためになったのは、アジア各国から来た研究者、教師、学生たちとアジアの英語事情についてゆっくりと話し合えたことである。

　アジア諸国では英語は英米のことばというよりも、アジアの国内、国際言語という考えが強い。たしかに、英語はASEAN設立以来、ずっとその共通語であるし、その地域協力態勢の確立に重要な役割を果たしてきた。RELCはベトナム、ラオス、カンボジア、そしてミャンマーがASEANに加盟するにあたって、これらの国々の公務員、教師、実業家の英語教育を一手に引き受けていた。

　事実、英語はASEANに限らず、アジア全体で広く使われて

おり、ほとんどの国が小学校から英語を教えている。インドでの最新の世論調査によれば、インド人の3人に1人が英語を理解し、5人に1人が「自信をもって」英語を話すと回答している。もちろん、アジアの多くの人々は英語をイギリス人やアメリカ人と使うよりも、アジア人同士で使う率が高い。これは日本人にもあてはまるし、今後ますますそうなるに違いない。

アジア人がアジア人同士で英語を使うとなると、その英語は当然のことながら、イギリス人やアメリカ人の英語とはかなり違ったパターンをもつようになる。私たちはそれを「アジア英語」(Asian Englishes) と呼ぶことができるだろう。もちろん、アジア英語は一様、画一ではない。アジア各国の人々は独自の言語文化の影響を受けた英語を話すのである。

差異は発音をはじめとして、語彙、表現、文法などと、広い範囲にわたる。それでは通じないのではないかと心配する向きもあるだろう。しかし、実際は、各変種間には違いよりも類似の方がずっと多い。肝心なのは慣れである。アジアに在住する日本人は現地の英語に慣れ、それを見事に操っている人が多い。

また、私たちは多様性の理論をつかむ必要がある。物事が普及するときには、必ずや変容を伴う。私はこれをよく料理にたとえる。日本料理はアジア各地に広まっていて、たいがいのところで煮付けや鍋物をおいしく食べることができる。しかし、それらは日本のものとまったく同じというわけではない。材料、味つけともずいぶん変わったものになっている。

同じように、英語がアジアに普及するにしても、イギリス人やアメリカ人の英語がそのままの形で広まるのではない。アジア諸国の人々はそれぞれ独自にアレンジして英語を使うのである。英語をアジアの国際コミュニケーションの言語として使用

するためには、このような多様性を受容しなければならない。

　私は本書でその筋道を明らかにしたいと思った。日本人はアメリカとの関係から、英語をアメリカのことばと考えがちである。もちろん、英語をそのように捉えて、そのように使用したいと希望する人がいてもかまわない。ただし、英語がそれ以外の働きをしていることにも注目すべきである。

　本書はまた、アジア諸国の人々が英語をどのように使っているかを見ながら、私たちの英語観のオプションを広げようとするものである。英語の話し手の数はネイティブ・スピーカーよりもノンネイティブ・スピーカーの方がずっと多い。彼らはいろいろな工夫を凝らしながら、このもうひとつのことばを異文化間コミュニケーションの媒体として、有意義に使おうとしているのである。

　そして私はここで、ノンネイティブ・スピーカーの英語の意義を論じたつもりである。日本人の英語もその一部と位置づけ、その有効性と通用性を高める方法に言及した。ただし、残念ながら、ニホン英語の一般的な構造を具体的に記述するまでには至らなかった。私たちは私たちが使いやすい英語のパターンを発見し、それを効率的に学習し、うまく使いこなす必要に迫られている。別の機会に、これらのことについてゆっくり考えてみたい。いずれにしても、英語の国際化と多様化に伴い、私たちはいままでと違った英語観を育成しなければならない。

　私たちは英語のさまざまなパターンに寛容の態度で接することが求められる。また、私たちはときにより、自分の言い方をよく吟味して、相手にわかりやすいように修正する必要がある。これらはノンネイティブ・スピーカーだけでなく、ネイティブ・スピーカーにも求められる事柄なのである。

なお、本書の前身はアルク新書『アジアをつなぐ英語——英語の新しい国際的役割』(1999年)であるが、今回の出版にあたっては、新書版のなかで現在も通用する部分の内容を残しながら、各所で説明を改修し新項を追加した。ただし、人口等の数字は論述の要旨に影響のない限り、新書版当時のままとした。
　新項として、たとえば第2章の「タイの英語事情」「ブルネイの英語」「極東ロシアの英語」「近隣諸国の英語教育」、第3章の「英語で日本を説明する」「言語監査の実現を目指して」がある。これらはともに旧版の不足を補正し、かつ新しい話題を提供するものである。
　末筆ながら本書の出版にあたって、竹下裕子、田嶋宏子、河原俊昭、榎木薗鉄也、相川真佐夫、樋口謙一郎、猿橋順子、三宅ひろ子の諸氏から「アジア英語」という話題について、多くの貴重な示唆を受けることができた。また、玉川大学出版部の諸氏には大変お世話になった。ここにあわせて深く感謝の意を表したい。
　アジアは多様な民族、多様な文化、そして多様な言語がダイナミックに交差する広域の国際社会である。どうしても、アジアの人々を結ぶことばが求められる。そのひとつは間違いなく、英語である。本書が読者の皆さんにとって「アジア英語」のパワーを知る手引きとなり、この地域の人々との英語コミュニケーションを考えるきっかけとなることを祈っている。

2006年1月
本名 信行

英語はアジアを結ぶ・目次

はじめに　3

第1章　英語の国際化と多様化　アジアの観点から……11

英語の普及と変容　12
世界で3人に1人が英語を使う／インドのマクドナルド／情報化時代と英語

「世界諸英語」という考え方　17
world Englishes／ノンネイティブ・スピーカー同士が使うことば／英語は各自のもうひとつのことば

英語の脱英米化　22
フィリピンから／インドから／アジアは世界最大の英語地域／アジア諸国の小学校英語教育状況概観

アジアの英語　30
シンガポールの英語事情／国内コミュニケーションの英語／自由なシングリッシュ／コード混合／反復現象／ノンネイティブ・スピーカー・イングリッシュの規則性／日本人と英語

第2章　アジア英語のいろいろ……45

インドの英語　46
インド英語の歴史的背景／インド人のインド英語観の変遷／文字どおりの発音／優雅な表現／礼節の表現／語彙と語法／インド英語の語彙体系／多様なインド英語

タイの英語　59
政府の英語教育政策／教科書のコンテンツ／タイ人の英語

ベトナムの英語　65

　ベトナム人の英語熱／高、中、小での英語教育／大学での英語教育／ラオスとカンボジア

マレーシアの英語　71

　支配者層に幅広く浸透した英語／実利英語／発音・語彙の特徴／文法の特徴／海峡英語の新展開

シンガポールの英語　79

　シングリッシュの特徴／語彙の特徴／文法の特徴／シングリッシュ丸かじり

ブルネイの英語　86

　2言語教育／ブルネイ英語／ブルネイらしい英語

インドネシアの英語　91

　英語は第1外国語／インドネシア語整備の源泉として／受動態の難しさ／Where are you going?／英語は自分のこと、自分の国のことを言うことば

フィリピンの英語　99

　フィリピン人の英語観／発音・語彙の特徴／造語の方法／英語のジョーク／表現の特徴／英語の「植民地化」

香港の英語　108

　以前は英語が唯一の公用語／発音のクセ／香港新英語事情

中国の英語　113

　国際交流の言語／中国人の苦手なイディオム／姓名のローマ字表記／China English／face（面子）のいろいろな言い方／Have you eaten?を考える

台湾の英語　124

　英語には英語で／台湾英語の特徴

韓国の英語　127

　英語は小学校から／発音のクセ／丁寧な英語／Konglish

極東ロシアの英語　　132
　　　ロシア人のアジア志向／英語は仲介言語／ロシア英語
　近隣諸国の英語教育　　137
　　中国の英語教育
　　　小学校英語教育／PETSとCET／大学の英語専攻／科目のレベル・スタンダード／英語教員養成機関／
　　台湾の英語教育
　　韓国の英語教育
　　　英語教育の抜本的改革／communicativeはlisteningから

第3章　日本人と英語
　　　　　異文化間理解とコミュニケーションのために………153
　日本人の非現実的な英語教育（学習）モデル　　154
　　ネイティブ信仰／同化願望／完全主義
　現実的な英語教育（学習）モデル　　161
　　ニホン英語は通じる／「間違い」を教えるのではない／見えざる手／Better is the enemy of good.／等距離の英語／言語意識を高める／日本人とアジア英語
　異文化間理解とコミュニケーション　　177
　　日本型コミュニケーションの言語構造／日本語から英語へ／少しずつでも取り組もう
　英語で「日本」を説明する　　183
　　英語のホームページ／説明型コミュニケーション能力の育成／契約の概念／身近なことを意識することから
　英語は仕事のことば　　194
　　English for Specific Purposes／ノンネイティブこそESP／「英語が使える日本人」と企業の対応／いろいろな仕事といろいろな英語力

言語監査の実現に向けて　　201
　　　企業と国際言語能力／言語監査の必要性／言語監査組織の設立

第4章　日本人とアメリカ英語 ……………………………… 209
　　ダイナミックなアメリカ英語　　210
　　　アメリカ英語と国際言語／アメリカ英語の創造力
　　自己の鏡としてのアメリカ英語　　214
　　　PC語／婉曲表現と二重表現
　　アメリカ人と世界諸英語　　220
　　　国際言語への提言／「平易な英語」運動／日本人とアメリカ人と英語の国際性

おわりに　　227

参考文献一覧　　231

インドのautorickshaw

第1章

英語の国際化と多様化
アジアの観点から

　英語は国際語（international language）とか、世界語（global language）とよくいわれるが、私たちはこの意味を正しく理解しているだろうか。英語は他の言語にない非常に独特の特徴を備え、世界の多くの国々の国語や公用語になっている。そして、そのために、英語は多様な民族と地域の文化を反映する。

　また、英語の話し手はネイティブ・スピーカーよりもノンネイティブ・スピーカーの方が多く、後者は英語の新しい機能と構造を開発している。私たちはこの事実を正確に認識し、英語の現代的、世界的役割を適切に理解する必要がある。そうして初めて、日本人として英語に真っ向から取り組むことができるだろう。私たちは21世紀の多文化共生社会を築くにあたって、この問題を真剣に考えなければならない。

英語の普及と変容

● 世界で3人に1人が英語を使う

　英語は世界で最も広範囲に使われ、最も有効な国際共通語といえよう。一説によると、英語の話し手は20億人にもおよぶ。このうち、英語を「母語」とする人々は3億人、「公用語」とする人々は10億人、さらに「外国語」、あるいは「国際語」とする人々は7億人にもなる。[*1]　世界の人口が60億人として、3人に1人が程度の差こそあれ、英語をいろいろなふうに使っている勘定になる（図1参照）。

　すなわち、日本人の観点からいうと、英語は英米人とだけ話すことばではなく、フランス人ともイタリア人とも、中国人とも韓国人とも、アラブ人ともトルコ人とも、アフリカの人とも南米の人とも交流するのに有効なことばなのである。つまり、英語が国際言語になったということは、英語が多国間コミュニケーションの道具になったということなのである。[*2]

　ただし、そうはいっても、世界中の人々がどこでもまったく同じ英語を話しているわけではない。せっかちな人は英語が国際言語になったと聞くと、アメリカやイギリスの英語がそのまま世界中に広まった、だから自分もバスに乗り遅れてはならないと感じるかもしれない。しかし、現実はそうではない。

　英語は実に多様な言語なのである。英語を母語とするアメリ

[*1] Crystal (1985)
[*2] もちろん、英語はイギリス人やアメリカ人の国内言語でもある。英語をそのような国内言語として学習するか、それとも本書にあるように国際言語として学習するかは個人の選択の自由である。本書では英語を国際言語と考える論理を追う。鈴木（1985）はふたつの英語の違いを鮮明に記している。

図1 英語の国際的普及
―― 英語の役割分担を国別人口で見ると ――

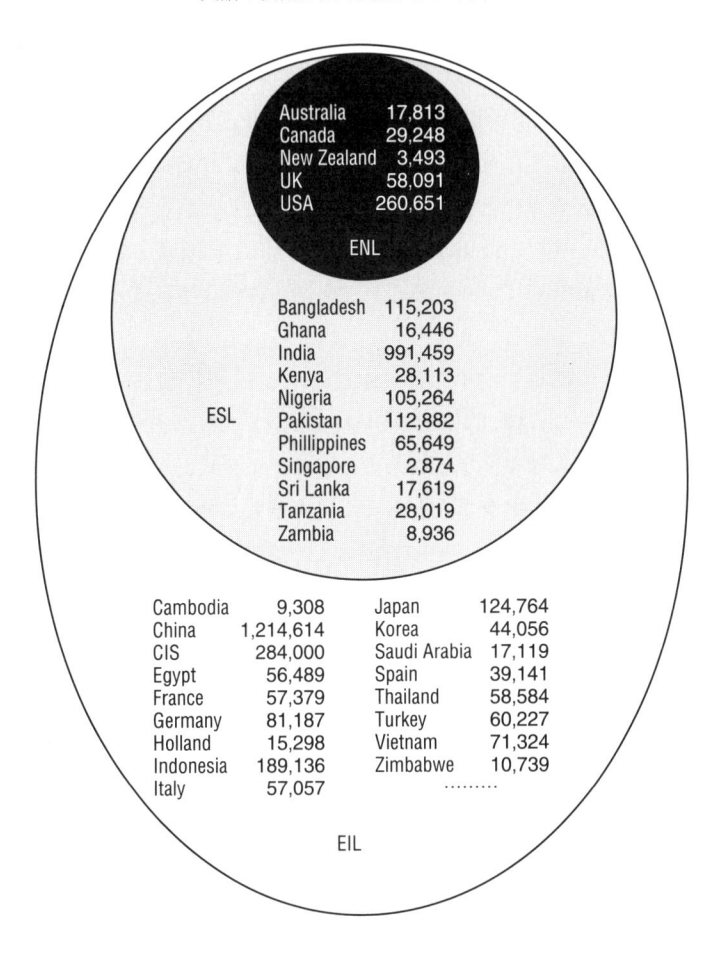

ENL
Australia	17,813
Canada	29,248
New Zealand	3,493
UK	58,091
USA	260,651

ESL
Bangladesh	115,203
Ghana	16,446
India	991,459
Kenya	28,113
Nigeria	105,264
Pakistan	112,882
Phillippines	65,649
Singapore	2,874
Sri Lanka	17,619
Tanzania	28,019
Zambia	8,936

EIL
Cambodia	9,308	Japan	124,764
China	1,214,614	Korea	44,056
CIS	284,000	Saudi Arabia	17,119
Egypt	56,489	Spain	39,141
France	57,379	Thailand	58,584
Germany	81,187	Turkey	60,227
Holland	15,298	Vietnam	71,324
Indonesia	189,136	Zimbabwe	10,739
Italy	57,057	………	

ENL＝English as a Native Language
ESL＝English as a Second Language
EIL＝English as an International Language
出典：Kachru（1996）の「3つの円」を参考に作成（単位：1000人）

第1章｜英語の国際化と多様化：アジアの観点から

カ人、イギリス人、カナダ人、オーストラリア人がみなそれぞれ独特の英語を話しているように、英語を母語としないアジアの人、アフリカの人、ヨーロッパの人、南米の人もいろいろと特徴のある英語を使っている。

つまり、英語が国際化したということは、アメリカ人やイギリス人などのネイティブ・スピーカーの英語がそのままの形で世界中に広まったということではない。むしろ、多くのノンネイティブ・スピーカーがそれぞれの歴史的、社会的、文化的必然性に合わせて、いろいろな形で英語を使うようになっている姿を指しているといえよう。

このようにして、インド人はインド人らしい「インド英語」、シンガポール人はシンガポール人らしい「シンガポール英語」、フィリピン人はフィリピン人らしい「フィリピン英語」を、それぞれ話すようになる。もちろん、中国人、タイ人、インドネシア人、ベトナム人、そして日本人の英語にも、それぞれ独特の構造的、機能的特徴が見られる。

●インドのマクドナルド

このことは普及と変容の関係を考えれば、よくわかるだろう。物事が普及するためには、適応が求められる場合が多い。たとえば、マクドナルドがインドに支店を出したいとする。インドはヒンズー教徒が多いので、牛は神聖な動物であり、牛肉を食することはタブーとなっている。

しかし、ボンベイ（現ムンバイ）のマクドナルド店はインド人の人気スポットになっている。どうしてだろうか。そこはビーフの代わりに、マトンやチキンのハンバーガーを出しているからである。マクドナルドがビーフに固執すれば、インドには出

店できなくなる。反対に、マトンやチキンでも立派なハンバーガーになる。

　同じように、私たちが食べている中華料理やイタリア料理も日本化されたものである。イタリア人がスパゲッティーのつくり方にイタリア式以外のものを認めないなどということになれば、それは日本でこんなにポピュラーにはならなかっただろう。日本料理も世界に広まると、土地の人々の習慣に合ったものに変わっていく。

　ことばもこれと似ており、英語が世界に広まれば、世界に多様な英語が発生することになる。だから、英語の国際化は、必然的に英語の多様化を意味する。多様化は国際化の代償なのである。その意味で、英語の今日的問題は多様性ぬきには考えられない。英語のさまざまな変種を考えなければならない理由はここにある。

　むしろ、英語は多様であるからこそ、共通語になれるということもできる。従来、共通語には「画一、一様」というイメージがつきまとっていた。しかし、よく考えてみると、多様な言語でなければ、共通語の機能は果たせないのである。アメリカ英語の発音、語彙、文法、表現が世界共通英語として強制されれば、英語は広範囲に普及することはないといえる。

● 情報化時代と英語

　英語の普及には、世界の国際化とともに、情報化が大きな役割を果たしている。1995年3月、英国政府の外郭団体であるブリティッシュ・カウンシルの英語普及会議で、名誉会長を務めるチャールズ皇太子は、「英語は民主主義、社会正義、そして人権の言語である」と語ったが、世界でこれに賛成する人は

少なかった。彼は同時に、英語は情報の言語であり、「世界中の電子情報の80％は英語で処理される」とも言った。これには多くの人々が納得した。

旧ソ連時代に、キルギスタンのアカエフ大統領の坊やは、「コンピューターは英語を話すから、ぼくも英語を勉強しようと思うんだ」と父親に言ったそうである。ベルリンの壁とソ連の崩壊後、東欧やCISでは英語熱がますます強まっている。それは英語がインターネット（Eメールやホームページなど）で、国際交流と最新情報の媒体として確立しているからである。

日本人も日本人同士のEメールで英語を使用することがある。とくに、海外にいる人との「会話」ならぬ「会書」ではそうである。海外のコンピューターが日本語のソフトを利用しない場合があるからである。中国では、国内の中国人同士でさえ、英語で電子メールを交換することが多い。

国際的なディスカッション・フォーラムではもちろん英語が中心だが、多くのアジア人が気軽に参加している。彼らの多くは、ことばの端々から推測すると、自国で英語を学んだようである。しかし、彼らは身構えることなくキーボードに向かい、即席で英文を打ち出す。そして、活発に意見を述べ、十分に意思を伝達している。

竹島や尖閣諸島の議論では、日本人、韓国人、台湾人、香港人が英語で交流する。ここでは、英語と英米文化はまったく関係がない。お互いに独自の英語を使って自己主張しながら、パフォーマンスをエンジョイし、ともに学び合っているのである。いろいろな英語であっても、伝達の妨げにはならない。英語の多様性は、インテリジビリティを損なうことにはならないのである。

「世界諸英語」という考え方

● world Englishes

　このような考え方は、当然のことながら、ノンネイティブ・スピーカー側から強く出されている。しかし、そればかりではない。実は、ネイティブ・スピーカーでも、このような考え方に積極的に賛成する人が多いのである。専門家はこのアイデアを総称して、世界諸英語（world Englishes）と呼んでいる。English が Englishes と複数形になっていることに興味が引かれる。

　このアイデアを鮮明に表現したのは、ラリー・スミス（Larry Smith）である。彼は世界諸英語学会（International Association for World Englishes）の初代会長も務めたが、有名な編著書 *Readings in English as an International language*（1983）のなかで、数多くの重要な発言をしている。次の文章はその典型といえる。

> When any language becomes international in character, it cannot be bound to any culture.... A Japanese doesn't need an appreciation of a British lifestyle in order to use English in his business dealings with a Malaysian.... English...is the means of expression of the speaker's culture, not an imitation of culture of Great Britain, the United States or any other native English speaking country.

　どの言語も国際的性格を帯びると、特定の文化に縛られるわけにはいかなくなる。……日本人は英語を使ってマレーシア人とビジ

ネスをする際に、英国の生活様式を理解する必要はどこにもない。英語は話し手の文化を表現する手段であり、イギリス、アメリカ、あるいは他の英語母語国の文化を模倣する手段ではない。

　要するに、現代の英語は多国間、多文化間交流を可能にする言語であり、自分の文化を表現する言語でもあるし、他の多様な文化を理解する言語でもある。従って、とくに英米文化と結びつけなければならないという必要は、どこにもないのである。このような立場にたつと、英語に対して新しい態度をとることができる。

　インド人、タイ人、あるいはインドシナの人々は合掌しながら、英語であいさつすることがある。英語を話すなら英米人のように握手をしなければならない、と考えるのはおかしなことである。日本人ならお辞儀をしても一向にかまわない。これは小さな事柄に見えるかもしれないが、重要な問題を含んでいる。私たちは英語を話すからといって、自分の文化を捨てる必要はどこにもないということである。

● ノンネイティブ・スピーカー同士が使うことば

　このように、英語を英米文化から切り離して使うのには、いくつかの条件がある。その基本となっているのは、世界中で英語の話し手はネイティブ・スピーカーよりもノンネイティブ・スピーカーの方が断然多いという事実である。前述したように、その割合は多く見積もると、3対17になる。

　しかも、ノンネイティブ・スピーカーはネイティブ・スピーカーとよりも、他のノンネイティブ・スピーカーと英語を使う方がずっと多い。読者の皆さんも、この1カ月間に英語を使っ

図2 英語は多国籍、多文化言語

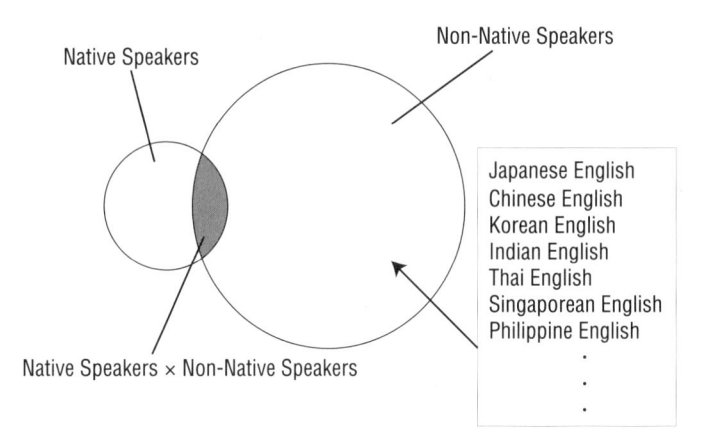

Native Speakers
Non-Native Speakers

Japanese English
Chinese English
Korean English
Indian English
Thai English
Singaporean English
Philippine English
・
・
・

Native Speakers × Non-Native Speakers

現代英語の特徴：話し手の数はネイティブよりもノンネイティブの方が多く、非母語話者同士の英語のコミュニケーションが増えている

た相手のことを考えると、ネイティブ・スピーカーよりも、ノンネイティブ・スピーカーの方が多いのではなかろうか（図2参照）。

　日本人とタイ人が英語で話すとき、お互いにイギリス人やアメリカ人の真似をしなければならないとしたら、不便このうえもない。このことはフランス人とフィンランド人、トルコ人とブラジル人など、あらゆる場合にあてはまる。英語を話す条件として、英米人の価値基準が強要されるとしたら、世界の人々は猛反対するだろう。

　実際、日本人は日本人らしいしぐさで、日本人らしい英語を話すし、タイ人はタイ人らしいふるまいで、タイ人ぽい英語を話す。これはごく自然なことなのである。このことから、世界の英語には多様な構造があることがわかるだろう。私たちはこ

の論理をもっとはっきりと自覚する必要がある。そして、そこから派生するさまざまな英語使用の有り様について、しっかりとした自信をもたなければならない。

●英語は各自のもうひとつのことば

現在、世界の多くの人々は、英語をもうひとつのことば (additional language) として使っている。私たちは母語に加えて、英語を学習し、それを自己の目的に合わせて使うことが可能である。英語の使い道はまったく自由なのである。特に、ノンネイティブ・スピーカーにとっては、英語が母語でないことがきわめて重要な基点になる。

英語が母語である人々にとっては、英語は生活のすべての面で重要な役割を果たす。しかし、ノンネイティブ・スピーカーにとってはそうではない。私たちは英語ですべてができなくても、ちっとも困らない。私たちは自分の都合に合わせて、仕事、交流、教養、娯楽、研究、留学などの一部で英語ができれば、それでよいわけである。英語はあくまでも、個人のひとつの営みの手段なのである。

たとえば、個人の仕事の一部が英語でできれば、その人は「英語ができる」と宣言しても一向にかまわない。シンガポールからインドネシアのバタム島に渡ると、船着き場にタクシー・ドライバーがやってくる。"Do you speak English?" と聞くと、"Yes, sir!" と返ってくる。こういう返答はアジアの街角で、けっしてめずらしいことではない。

タクシー・ドライバーの仕事は、お客を行き先まで運ぶことである。そのやり取りが英語でできれば、英語ができると言っても少しもおかしなことではない。英字新聞が読めなければ、

CNNが聴取できなければ、英語ができるとは言えないなどと思うのは、まったくおかしな考えではないか。すべての人々が、このような能力を必要としているわけではない。

　私たちの多くは、ネイティブ・スピーカーと同じ英語運用能力を必要としない。私たちは一定の英語能力を獲得すれば、重要な仕事や交流が十分にできるはずである。この意味で、英語は多様な構造をもつだけでなく、多様な機能と役割をもっているともいえる。これからの英語教育では、English for Specific Purposes（特定の目的のための英語）という考え方が、ますます有効になるだろう。

英語の脱英米化

このように、英語がネイティブ・スピーカーの枠を越えて、ノンネイティブ・スピーカーを含む多くの人々の異文化間コミュニケーションの手段になると、英語を英米文化から切り離して運用することが可能になる。これは英語にまったく新しい国際的役割を与えることになる。

英米の植民地であった第3世界の人々は独立にあたって最初は、英語を使うと旧宗主国の文化を引き継ぐことになり、独自の国民性を育成できないのではないかと危惧していた。しかし、彼らは自国の状況に合った独自の英語パターンを創造することによって、この問題を解決できることに気づいたのである。それは、つまり現地の言語と文化の影響を受けた英語の創造ということである。

●フィリピンから

たとえば、フィリピン英語はフィリピン文化を直接的に反映する。フィリピン人は相手をできるだけ立てようとする。乞食が寄ってきても、"Beat it, you bum!"などとぞんざいには言わない。"Forgive me, sir."と言って、丁重に断る。相手を傷つけまいとして、丁寧な言い方をするのである。

ときにはそれがあいまいな表現になることもある。フィリピン人の Yes. は、なかなか意味深長のようである。文字どおりの意味に加えて、(1) Maybe, (2) I don't know, (3) If you say so, (4) I hope I have said it unenthusiastically enough for you to understand I mean no. などの意味にもなる。No. と簡

単に言えないのは日本人だけではない。

　日本人がフィリピン人の知り合いに、"Can you pick me up at eight here?" と言い、相手は "I'll try." と答えたのでずっと待っていたが、ついに来なかったという話がある。フィリピン英語では "I'll try." は "I don't think I can." の意味なのである。このようなギャップは最初は不便でも、慣れればそれほど苦にならない。

　もちろん、このような言い方を劣等視するのは、間違いである。一般に、英語を母語としない人々は英米の文化を学習するために、そしてネイティブ・スピーカーと同じように話すために英語を勉強しているわけではない。むしろ、自分が属している民族、文化を意識して、自分を国際的な場面で表現する道具として、英語を使おうとしているのである。

　すなわち、英語を学習するからといって、何もアメリカ人やイギリス人の行動規範に同化することにはならない。英語は英米文化を模倣する手段ではなく、世界の人々を相手に、自分の思うこと、感じること、すなわち自分のアイデンティティを表現する道具なのである。

●インドから

　このことは、英語を「準公用語」としているインドの事情を見るとはっきりする。インド英語の社会言語学的研究をものにしたS・V・パラシャー (S.V. Parasher, 1991) がインド人になぜ英語が必要かと聞いたところ、次のような順位で理由があがった。このような認識は、第3世界でだいたい共通している。また、いくつかの点を除けば、世界の多くの地域にもあてはまる。

① 科学技術の分野で最新の情報を獲得するため
② 国際コミュニケーションのため
③ 母語の違うインド人とのコミュニケーションのため
④ 高等教育のため
⑤ 世界の情報を得るため

興味深いことに、「英語国民の文化を理解するため」という理由は、回答者の過半数の賛意を得られず、まったく低位であった。また、インドの学校で、どんな英語を教えるべきかと質問したところ、インド英語を教えるべきであるという意見が強く表明された。このようなはっきりとした意見は、アジアでもめずらしい。

インドで学生が学びたい英語の変種（Parasher, 1991）

アメリカ英語	4.0%
イギリス英語	33.5%
インドの教養ある人々の使う英語	60.8%
その他	1.7%

インド人の英語に対する取り組み方は、日本人の学習者にも大いに参考になる。彼らは英語を第2言語、あるいは第3言語として学習する。だから、当然のことながら、彼らの英語の発音や抑揚は、彼らの母語であるヒンディー語やタミル語などの影響を受ける。しかし、インド人はこのことをあまり気にしない。この態度はおもしろい効果を生んでいる。

つまり、彼らはインド式の発音や抑揚の仕組みを確立し、それをうまく使いこなすことに成功した。イギリス式の音韻体系を厳密に模倣する必要がなくなった分だけ、語彙や構文や表現

の学習に努力と注意を集中することが可能になったのである。彼らの多くは複雑な文型を駆使し、実に淀みなく、華麗な英語を話す。

　おもしろいことに、このようなイギリス臭さのとれた英語は、海外でもけっこう評判がよい。アラブ諸国ではこの英語の特徴に注目して、インド政府に英語教師の派遣を依頼している。インドは英語教師の輸出国なのである。同じことは規模こそ小さいが、パキスタンやバングラデシュについてもいえる。

　もちろん、インド人教師は何もインド英語を海外に広めようなどとは考えていない。彼らは自分の学習経験にもとづいて、英語に対して主体的に取り組む態度をとっており、それが諸国の人々の共感を得るのである。また、彼らの英語運用能力の高さは、英語の利便性を強調する人々の手本となるのである。

　このようなことは他の変種についてもいえる。シンガポールやフィリピンにはアジア各国からたくさんの人々が英語を学びにやってくる。英語を学ぶならアメリカかイギリスに行かなければといった意識は、アジアでは以前に比べるとずっと弱まっている。英語が多国籍で多文化をもちながらも、国際通用性の高い言語であることが、広く認識されたからにほかならない。この辺の事情をアジアを事例として考察してみよう。

●アジアは世界最大の英語地域

　英語はアジアの言語である。アジア各地の街角、商店、学校、官庁、そして職場で、広範囲に使われている。アジアには中国（12億）、ASEAN（5億）、そしてインド（9億）という巨大な地政学的ブロックが存在し、英語はさまざまな地域言語と役割を分担しながら、きわめて重要な国内・国際言語となっている（図

3参照、数字は20世紀末)。

こうしたなかで、アジアの英語人口は3億5千万人といわれる。この人数は英米の人口合計を上回る。インドで行われた最新の調査によれば、インド人の3人に1人が英語を理解し、5人に1人がスピーキングに自信があると回答している(*India Today*, August 18, 1997)。インドで2億人くらいの人々が英語を話すとすれば、インドは巨大な英語国ということになる。

英語はアジアにしっかりと根を下ろしている。そして、英語への関心はますます強まっている。英字新聞の購読者数は年々増え、英文雑誌や単行本の需要も拡大している。英語による高等教育機関の設立や、国際イベントの開催も目を引く。小説、詩、演劇も裾野を広げている。アジアは世界最大の英語地域なのである。

事実、東南アジア諸国は英語を国際言語として振興するために、早くも1965年にSEAMEO (South East Asian Ministers of Education Organization、東南アジア教育大臣機構) を組織し、1968年にシンガポールにRELC (Regional English Language Centre、地域英語センター) を設立した。RELCは現在、地域言語センター (Regional Language Centre) と改名しているが、以前と同じく東南アジア諸国の公務員や教師のための英語学習のメッカである。

日本人も国内外で、英語をアメリカ人やイギリス人とよりも、アジアの人々と使う方がずっと多くなっている。日本人は今後、政治、経済、観光、留学などを通じて、他のアジア諸国の人々と交流する機会がますます多くなるので、アジアにおける英語コミュニケーションの問題を本格的に考えるべきであろう。

実際、アジア人同士だとお互いにノンネイティブ・スピーカ

図3 英語はアジアの言語
—— 各国の人口からみたアジアにおける英語使用者の数はどのくらいか ——

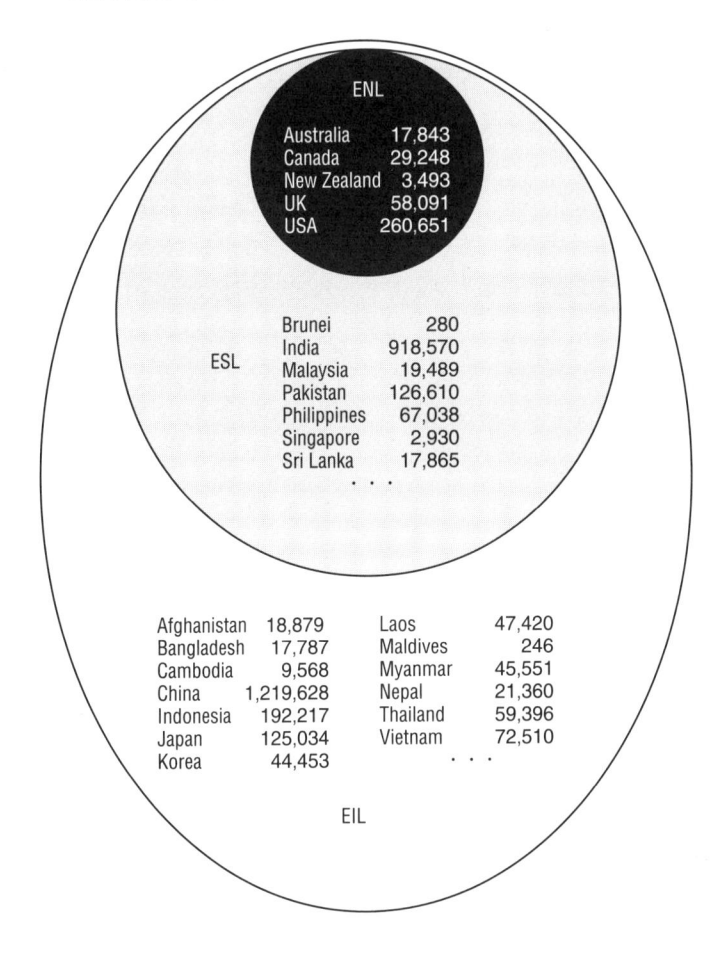

ENL

Australia	17,843
Canada	29,248
New Zealand	3,493
UK	58,091
USA	260,651

ESL

Brunei	280
India	918,570
Malaysia	19,489
Pakistan	126,610
Philippines	67,038
Singapore	2,930
Sri Lanka	17,865
・・・	

EIL

Afghanistan	18,879	Laos	47,420
Bangladesh	17,787	Maldives	246
Cambodia	9,568	Myanmar	45,551
China	1,219,628	Nepal	21,360
Indonesia	192,217	Thailand	59,396
Japan	125,034	Vietnam	72,510
Korea	44,453	・・・	

ENL＝English as a Native Language
ESL＝English as a Second Language
EIL＝English as an International Language　　（単位：1000人）

ーなので、気軽に英語を話せるようになる。ネイティブ・スピーカーの規範をあまり意識しないので、緊張感が薄れ、自由に話せるのである。日本の英語教育では、この事実をもっと重要視する必要がある。それは英語を世界の国際言語と考える視点から見えてくる。

　アジア諸国は英語を国内言語、あるいは国際言語と認識して、当然のことながら、英語教育に力を入れている。とくに興味深いことは、英語教育を小学校から開始していることである。インド、シンガポール、フィリピンなどの英語公用語国ではずっと以前からそうだったが、最近ではタイ、インドネシア、中国、韓国などの英語国際語国でもそうするようになっている。このへんの状況をいくつかの国々に焦点をあてて見てみよう。

アジア諸国の小学校英語教育状況概観

●英語公用語国	
フィリピン	フィリピノ語と英語の2言語の教育を目指す。フィリピノ語は国民的アイデンティティのシンボル、英語は国際コミュニケーションの言語と位置づけている。小学校で英語は1日3時間。
シンガポール	英語は第1公用語とされているので、子供は小学校入学以前から英語に触れる機会が多い。小学校から英語は学科でもあるし、母語と道徳を除く他のすべての学科の教育言語でもある。「英語」は全授業時間の32.7%をしめる。
マレーシア	小学校1年生より必修科目。低学年ではスピーキングとリスニング、高学年では読み書きが強調される。現在小1はほぼ週4時間であるが、2003年より漸次、数学と理科が英語で教えられるので、それを合計すると週7.5時間になる。
ブルネイ	小学校1－3年生は学科として、以後はマレー語とともにバイリンガル教育の言語となる。英語は数学や科学、マレー語は宗教、芸術、体育などに使われる。英語教育ではリーディングがかなり重視される。
インド	英語はヒンディー語とともに、連邦の公用語。公立学校では後期初等教育の1学年（日本の小学校6年）から英語を開始する。ただし、中間階級の多くの子弟は英語を教育言語とする私立学校に通い、早くから英語に接する。

●英語国際語国	
インドネシア	1994年から都市部で小学校4年生より週1、2時間。リーディングが中心。
タイ	1996年から開始。都市部の小学校1－4年生に週6コマ(20分×6)、以後週15コマ(20分×15)。英語を国際言語ととらえ、オーラルを重視。
ベトナム	1996年頃から都市部の小学校高学年で週2時間教える学校が目立つ。
中国	2001年より小学校3年から、都市部(北京、上海等)では小1から。豊富な学習項目。小6でCan you come and play football with us on Sunday? ／Sorry, I can't. Dad is taking us out in the car.のような会話を学ぶ。
台湾	父母の要請で私立や公立の小学校で英語を導入するところが増大している。教育部では2005年、小学校3年の正課とすることを決定し、教員の養成に力を入れている。
韓国	1997年度より正規必修科目。現在は3、4年は週1時間、5、6年は週2時間。初めはリスニングとスピーキングを中心として、徐々に単文の読み書きに入る。例文は131種、単語は450語を学ぶ。小学校教員に120時間から240時間の英語研修を課す。

アジアの英語

　アジア諸国で英語が公用語の役割を果たすところでは、英語教育が普及すると、国民同士が英語を頻繁に使うようになる。そうなると、今度は、その人々の使いやすい特有の英語が発達する。この現象を的確に把握する概念は、機能と構造の相互関係である。すなわち、英語の社会的機能が変種構造を決定し、そして構造が機能を強化する。シンガポールを事例として、このことについて考えてみよう。

機能と構造の相互関係

●シンガポールの英語事情

　シンガポールは多民族国家で、独立以来、中国語、マレー語、タミル語に加えて、英語を公用語のひとつとしてきた。しかも、英語は第1言語とされ、行政はもちろん、教育の第1媒体という地位が与えられた。英語を母語とする人がほとんどいない社会で、このような言語政策はきわめて希有なケースといえよう。

　英語にそのような地位を与えたのは、多民族社会であるシンガポールの国民統合政策の結果といえる。シンガポールでは、中国系 (76%)、マレー系 (15%)、インド系 (7%)、その他 (2%) の人々が、それぞれ民族言語を母語としている。それらの民族言語のなかから、どれかひとつを公用語として特定することは困難であった。

　つまり、どれかひとつを選別すれば、他のグループが反発し、国内統一を妨げたであろう。また、3つを公用語にすれば、各

グループが3言語を獲得することは困難で、結局は独自の民族言語に固執し、シンガポーリアンというアイデンティティを育むことができなかったであろう。そこで、英語が国内統一の言語（language for national unification）と定義され、異民族間交流の手段として奨励された。

英語はどの民族グループにとっても等距離にあったので、その役割を果たすのに最適と考えられたのである。そして、英語教育の充実が重要な政策となり、さまざまな試みが実施された。英語と民族言語のバイリンガル教育が強調されたが、実際は英語に多大の重点がおかれた。

しかし、成果はなかなかあがらなかった。シンガポールの独立と発展を指導してきたリー・クワンユー首相（当時）は、1978年にそれまでの実績を大失敗と判断し、国民にさらに努力するよう呼びかけた。1980年の初めに、初等教育と中等教育において新しいカリキュラムが導入され、英語は第1言語としてますます強調された。英語が第1言語、民族言語が第2言語として制定されたのである。

1980年代の後半になると、1950年代の後半に始まった英語教育の成果が顕著に見られるようになった。その頃になると、人々は、家庭や学校や職場などで、好んで英語を話すようになっていた。家庭で英語を話す人々は、人口の11.6%（1980年）から20.3%（1990年）に上昇した。

ただし、その英語は期待していたとおりの標準英語ではなかった。それはシンガポール人のクセの強い、シンガポール英語（Singaporean English）であった。そのある部分は後に、シングリッシュ（Singlish）と呼ばれるようになった。当時の新聞に次のような記事が載っている。

Young students use a concoction of 60 per cent English, 20 per cent Mandarin and 20 per cent Hokkien and a grammar that is neither English nor Chinese. They switch with such ease that one can rarely detect a sequence of 10 words that is not a mixture. This style, most of us would agree, has been around for some time...in the shops, department stores, supermarkets, and offices. (*The Straits Times*, January 16, 1985)

生徒たちは60％が英語、20％が北京語、さらに20％が福建語の不思議な混合言語をよく使う。文法は、英語でも中国語でもない。彼らはそれを実に上手に操る。およそ10語も話すと、だいたい混合物が混じる。そのようなスタイルは、商店、デパート、スーパー、そして会社などで、このところ、ずっと見られる。

以上の描写は大分おおげさであるが、おもしろい例をあげると、次のような具合である。*3 いまこれを読むと、わかりにくいこともたくさんあるかもしれない。しかし、本書を読み進むうちに、だんだんと理解できるようになるだろう。とくに、第2章には、シンガポールの英語について詳細な説明があるので、参考にされたい。

Steven：You spend me drink, can or not?
Hashim：Can.
S：Thanks, man.
H：I see you with girl at hawker centre last night. Your

---

*3 *Asiaweek* (October 15, 1982). ここに出てくるすべての語法はシンガポール英語では一般的である。

classmate, is it?
S：Friends only. Friday, she got off-day. Usually we take makan and go to disco-la.
H：You are going steady?
S：Not actually, but very closely.
H：She is still schooling?
S：No, working-la.

S：1杯おごってくれる。
H：いいよ。
S：ありがとうね。
H：昨晩、フードセンターで女の子といるのを見たよ。同級生かい。
S：ただの友達さ。彼女、金曜日がオフ。たいがい、一緒に食事して、ディスコに行くのさ。
H：ステディなの。
S：そういうわけではないが、親しいんだ。
H：学生かい。
S：働いてんだよ。

ここでは他所で説明しないものを簡単に解説しておく。
spend：おごる
アメリカ英語では I will buy you a drink.（1杯おごるよ）のような言い方をするが、シンガポール人には buy が下品に聞こえるらしく、spend の方が好まれる。
man：ね、よ、さ
終助詞の感じ。起源はアメリカ英語の呼びかけの虚字（Hey, man!）から。
hawker centre：フードセンター

ビルや屋外の飲食エリア。シンガポール人は外食を好むのでいつも盛況。food centre, food court とも言う。
schooling：学校に行っている
She is schooling at Toa Payo Secondary.（トアパヨ中学に通学している）のように使う。

● 国内コミュニケーションの英語

シンガポール英語の先駆的研究をものにしたR・タング（R. Tongue, 1974）は、1970年代からそのような英語パターンの存在に気づいていた。そして、彼はそれを教育のない人々のことばと呼んだ。実際、その変種は、教育のある人々も含めて、広い範囲に使われ始めていたが、彼は当時の雰囲気を反映して、それを肯定的に評価する論理をもっていなかったのである。

シングリッシュの正当性が広く認識されるようになったのは、1980年代になってからである。シンガポールでは、シンガポール人同士が英語を使うので、彼らにとって便利な語法が発達するのは当然のことなのである。しかも、英語教育が普及し、成功して、英語を話す人々が増えれば増えるほど、その傾向は強まるのである。

そこで、1980年代の初めに、そのような変種の是非をめぐって、大論争が起こった。シンガポール政府は当時の状況を憂慮して、国際社会で通用する「純粋で、きれいな」英語を振興する政策を実施しようとした。そして、標準英語の普及を目指して、外国からネイティブの教師を雇い、マスコミにも協力を依頼した。

一方、シンガポール国立大学の言語学者は、国際的標準というような基準を押しつけることをやめて、シンガポール人は土

着の変種を創造しているのであるから、それに誇りをもつべきであると主張した。その変種は国民意識の反映でもあり、社会的、文化的必然性の結果であった。シンガポール人は英語を彼ら特有の言語文化の環境のなかで使い始めていたのである。

　事実、シンガポール政府が展開したシンガポール英語純化運動は、一般にはあまり成功しなかった。むしろ、「シンガポール英語」は多くの人々の間に定着したように思われた。それは、英語がシンガポール人の手に渡り、彼らの間で頻繁に使われるようになったことの当然の代償といえよう。

　注意しなければならないことは、「標準英語」を使える人でも、友達同士では、「シンガポール英語」を選択するということである。"You want go Singapore Swing, is it? Say so, 1a"（シンガポール・スウィングのパーティーに行きたいなら、行きたいとそう言ったら）と言った方が、"If you want to go to the Singapore Swing (Party), why don't you say so?"と言うよりも、ずっと打ち解けた感じになる。*4

　シンガポール人にとって、英語は国際コミュニケーションのための言語というよりも、まずは国内コミュニケーションのための言語なのである。このために、タングが以前に指摘したように、「8000マイルも離れた旧宗主国の規範に同調しようとする力は弱まる」のは当然のことなのであろう。このことは、以前にシンガポールの国連大使を務めたT・T・B・コー氏（現無任所大使）の次のことばによく表現されている。*5

When one is abroad, in a bus or train or aeroplane and

---

*4 Pakir (1988)
*5 Tay (1982)

when one overhears someone speaking, one can immediately say this is someone from Malaysia or Singapore. And I should hope that when I'm speaking abroad my country men will have no problem recognising that I am a Singaporean.

外国に行って、バスや電車や飛行機のなかで人が話をしているのを耳にすると、その人がマレーシアやシンガポールの出身かどうかがすぐにわかる。私が外国で話をするときも、同郷の人に、私がシンガポール人であることをすぐにわかってもらいたいと思っている。

言語学者のM・テイ（Tay, 1982）も、「シンガポール英語」について次のように説明している。[*6]

The desire to be recognised as a Singaporean probably explains why the average educated Singaporean, including the language teacher, considers it important to aim at a standard indistinguishable from standard British English in the area of syntax but not in the area of phonology (pronunciation, rhythm, stress, and intonation) and vocabulary.

たぶん、自分がシンガポール人であることをわかってもらいたいために、教育を受けたシンガポール人は、英語教師を含めて、文法の分野では標準イギリス英語と同じ基準を目指すが、音韻（発音、リズム、ストレス、イントネーション）と語彙の分野では独特の基準を目指すのだろう。

[*6] Tay (1982)

● **自由なシングリッシュ**

現在では、そのような態度は教育界でも広く受け入れられ、一般の人々の意識にも上がっている。そして、シングリッシュはけっして自己を卑下した言い方ではなくなっている。実際、シンガポールでは、"Our official language is Singlish. It's easy and everybody understands it." などと言う人によく出会う。

シンガポールの言語学者たちはシンガポール英語を上位語（acrolect）、中位語（mesolect）、下位語（basilect）に分類し、シングリッシュを下位語と規定している。どう位置づけようが、それが一般大衆のなかに広まりつつあることは、間違いない。新聞の論調もこれを支持する方向にあるように見受けられる。次の社説は国民の共感を呼んだ。

Singlish is the spontaneous and delightful way that Singaporeans express themselves in English. In short, street talk. It is a language that is exclusively ours, lah....Singlish is the common dialect of the people of Singapore. (*The New Paper*, August 15, 1988)

シングリッシュは、当地で自然に発生した、気持ちを和ませる心地よいことばである。それはシンガポール人が自分を英語で表現する方法なのである。一言でいえば、それは街のことばである。それは、シンガポール人だけのことばであり、シンガポール人の共通のことばなのである。

政府は2000年から再度、"Speak Good English" 運動を大々

的に展開している。しかし、それは今度もシングリッシュ駆逐には到らないだろうと予想される。人々は完全にこれをものにして、大事にしているからである。

このように、シンガポール英語の特徴は何といってもシングリッシュ（Singlish）である。その特徴は、語尾、文末の lah (la) にあるといってもよい。語源はマレー語説と福建語説があるが、定かではない。日本語の終助詞「よ」「さ」「ね」「ぞ」などにあたり、非常に打ち解けた雰囲気をつくりだす。

たとえば、"Relax lah."（リラックスよ）、"Hurry up lah."（急いでね）といったふうに使う。"Sushi and sashimi are different lah."（寿司と刺身は違うさ）としてもかまわない。以前、シンガポール人は、この使い方をくずれた英語の見本と思い込み恥ずかしがっていたが、いまではそういうことはない。土産物店では、lahの10の用法をプリントしたTシャツが出回っており、人気商品となっている。

can／cannotの使い方もおもしろい。"You speak English, can or not?" と言い、肯定の答えは "Can." とか "Can-can." となる。否定は "Cannot." あるいは "No can." としてもかまわない。もちろん、語尾にlahをつけることもある。これは慣れると、けっこう使いやすい。しかし、"That way cannot lah!"（そっちの道は行けないよ）／"Can what."（行けるってば）となると、なかなか真似はできない。なお、whatは反発の接尾辞である。

● コード混合

シングリッシュの特徴をコード混合の観点から見るのも有意義であろう。これはシンガポールで英語が中国語、マレー語、タミル語のさまざまな変種と接触した結果として生じた現象と

いえる。これは多方面に重層的に見られる。その様態を観察すると、いろいろなパターンが浮かんでくる。

そこには、借用や適応のみならず、創造のダイナミックスも働いているが、まずは借用の観点から分析するのが教示的である。これは発音や抑揚、そして語彙や表現に顕著に見られる。次のように、土地のことばを英語のなかに混ぜる言い方である。土地のことばのエトスが英語のなかに組み込まれ、現地特有の独特の雰囲気がかもし出される。

> **I'd like to work for your company. Do you know of any *lobang*?** あなたの会社で働きたいのですが、何か空きがありませんか。(lobangはマレー語で「穴」の意味だが、シンガポール英語では「働き口」の意味で使われる)
> **The food he cooks is *shiok*.** 彼の料理は実にうまい。(shiokは中国語で美味しいの意味だが、シンガポール英語ではすばらしいの意味も広く使われる)

このような現象は英語が国内コミュニケーションの言語となった場所では一様に生じており、興味がつきない。借用の源泉がはっきりわかる場合は問題を整理しやすいが、そうでない場合も多く、なかなか一筋縄ではいかない。とくに、多言語が関連した統語混合の場合は、問題がもっと複雑になる。

● **反復現象**

シンガポール英語にみられる反復現象がこの一例である。[*7]

---

*7 Ho (1999) に詳しい議論がある。

これは名詞、形容詞、動詞などを反復して使い、それによって副詞的意味が付加される。この言い方には意表をついたものがたくさんあり、いつも感心させられる。私が街角で聞いた例に、こんなのがある。

If you go to Seiyu, everything is cheap cheap.　西友では品物はとても安いよ。(タクシー運転手)
I like to wear big big.　大きめのを着るのが好きなの。(Tシャツの売り子)
Play-play, no money. Work-work, no leisure. Combination is better.　遊んでばかりいるとお金がなくなり、働いてばかりいると楽しみがない。中庸がいいね。(タクシー運転手)
Choose-choose-choose-choose-choose, but no buy.　選んでばかりいて、ちっとも買わない。(売り子。最近の日本人観光客についていう。しぐさも伴い、きわめて描写的になっている)
Thursday, can-can.　木曜日はぜったい予約だいじょうぶだよ。(レストランの予約係)
My friend from China, she likes (to) shop-shop.　中国からきた知人はすごく買い物好きなの。(クラーク)

このようなパターンは中国語の影響でもあるし、マレー語の影響でもある。どちらか一方というよりも、両方が合体して影響を及ぼしているようである。このパターンはシンガポール英語に深く根を下ろしており、外国人が簡単に真似られるものではない。それは、シンガポール人が独自の言語的文化的状況のなかで英語を学習し、使用してきたことから自然に発生したパターンなのである。日本語の「少々」とか「萌々」に、何となく

似ている。

●ノンネイティブ・スピーカー・イングリッシュの規則性

別の観点から見ると、シングリッシュについてもうひとつ興味深いことがある。シングリッシュの文法現象はけっして無秩序的ではなく、変異規則にもとづき一定の体系を形成している。これは前述のコード混合とは異なる現象で、言語学習のストラテジーを暗示するともいえるし、普遍文法の仮説を暗示するともいえる。そのような例をいくつかあげよう。[*8]

① 冠詞：シンガポール英語では、不定冠詞も定冠詞も出現しないことが多い。

My paren' have (a) flat in Geylang. (paren' = parents)
You see (the) green shop house over t'ere. (t'ere = there)

しかし、定量分析をすると、不定冠詞よりも定冠詞の方が出現率が高い。これは他のアジア英語変種にもあてはまる。

② Be動詞：Be動詞が出現する率は形容詞の前が一番低く、次に動詞＋ingの前、名詞（句）の前、そして場所の副詞の前の順になる。また、名詞節の前後には出現する率が高くなる。

Dat is what dey are trying to do. (dat = that, dey = they)
We work here is not bad lah.

③ 名詞の複数形：名詞の複数形も出現しないことが多いが、

---

*8 Platt (1991)

数詞や数量詞の後（a few dollars, three months）では出現する率が高い。

④ 過去時制：動詞の過去形は一時的（punctual）な意味で使われる場合には出現しやすく、非一時的、恒常的、習慣的（nonpunctual）な意味で使われる場合には出現しにくい。
I left for Hong Kong. ...whenever he leaves his place he'll switch off de switch. (de = the)

過去形の出現率は非一時的な意味の場合に低くなるという結果は、話し手の教育レベルや、過去形の語尾の差異（a. passed, b. tried, c. wanted, d. came）に関係なく、一貫して生じる。また、このような傾向はガイアナ英語やハワイ英語にも見られる。まるで、ノンネイティブ・スピーカーの英語学習には、「見えざる手」の教示があるかのようである。

過去形の出現する率 (1)

	Punctual	Non-Punctual
leave	91.1%	0.0%
lose	92.9%	0.0%
tell	79.7%	32.0%
meet	90.4%	22.2%

過去形の出現する率 (2)

	Punctual	Non-Punctual
ガイアナ英語	38%	12%
ハワイ英語	53%	7%

(Platt, 1991)

従来、シンガポール英語に見られる冠詞やbe動詞の欠落、複数形や過去形の不備は、母語の干渉であるとか、未熟な英語学習の結果であるなどといわれてきた。もちろん、そういう場合もあるだろう。しかし、このような現象は一般的な概念把握の写像と考える方が適切ではなかろうか。社会言語学的な定量分析はこのような発想の転換をうながしてくれる。

●日本人と英語

　このように、アジア英語には英米英語と違う部分がけっこうある。それは発音、語彙、統語、表現、語用などの広い分野にわたっている。しかし、だからといって、アジア英語を劣等視するのは、完全に間違いである。違いがあっても、意志伝達の妨げになることはないのである。むしろ、アジア人同士の英語には類似しているところがよく見られる。

　いずれにしても、アジアの人々は英語をかなり自由な気持ちで使っている。日本人は彼らの英語観から、学ぶことがたくさんあるはずである。日本ではアメリカとの関係が強いために、英語をアメリカの「言語と文化」の規範にもとづいて考えがちである。しかし、英語を国際言語と考えるならば、英語と英米文化を同一視してはならないのである。

　事実、日本人とインドネシア人がお互いに英語を使うとき、日本人がアメリカ文化、インドネシア人がオーストラリア文化を代表しなければならないとしたら、まことに奇妙で不便なことになる。だから、そのようなことは実際に生じないだろう。日本人は日本文化のなかで英語を話すし、インドネシア人はインドネシア文化のなかで英語を話す。重要なことは、この現実を正当に評価する理論を構築することである。

日本人は日本語を話すときと英語を話すときとでは、態度や表現がまったく違うものと思いがちである。日本語を話すときは日本式でよいが、英語を話すときは英米式にならなければならないと考えてしまう。このため、英語の表現がわからないと、何も言えないことになってしまう。日本式英語でもかまわないという論理を考えなければならない。

　シンガポールの入国審査ブースで"Can we come together?"（夫婦一緒でいいですか）と聞くと、"Can."という返事がある。レストランで"Do you have Tiger beer?"と尋ねると、"Have."とか"Don't have."と返ってくる。中華料理店で冬瓜スープの果肉を残すと、"This one can eat."（ここは食べられますよ）と教えてくれる。

　ノンネイティブ・スピーカーがお互いに英語を使えば使うほど、その英語は脱英米化していく。普及は変容を呼ぶのが常だからである。それでも、その発話により、有意義な交流が可能になる。日本人も自分の英語をノンネイティブ・スピーカー・イングリッシュの一部であると位置づける自覚が必要ではなかろうか。

シンガポールの store house

第2章
アジア英語のいろいろ

　ここではアジア諸国の英語事情を取り上げる。アジアの人々が使う英語パターンは多種多様であるが、同時にいろいろな共通点も見られる。日本人がこれらに出くわすと、差異には驚嘆し、類似点には安心するだろう。こうしたパターンの正当性を理解するためには、その必然性を知らなければならない。

　アジアにおける英語の移植と発達は、アメリカ、カナダ、オーストラリアの場合と同じくらいに古い。アジアで英語は現地のさまざまな言語文化と接触し、興味深い変化を遂げている。私たちはアジア諸国を訪れるたびに、必ずやこのような英語に接するだろう。それはいろいろと有意義な営みの媒体となっている。以下、いくつかの特徴的な国々で、その具体的な姿を見てみよう。

インドの英語

●インド英語の歴史的背景

インドにおける英語の歴史はたいへん古い。イギリス・イエズス会の宣教師トーマス・スティーブンスが1579年に渡印して以来、イギリスは1757年にはすでに、植民地政策の一環として、インドに政治的基盤を確立している。1854年にはマドラス（現チェンナイ）、カルカッタ（現コルカタ）、ボンベイ（現ムンバイ）に大学を設立し、英語を教育言語として使い始めたのである。

同国が1947年に独立したあとも、英語は18種の公用語に加えて準公用語として残り、政治、経済、通商、教育、文化の面で重要な働きをしている。英語の役割は現在のところ、国際的というよりも国内的といえるだろう。すなわち、インド人はインド国内で、インド人同士で英語を使う。その結果、インド人にとって便利なインド英語が発生する。

これについて、インド英語の先駆的な研究者であるブラジ・カチュルは次のように述べている。彼の分析は他の第3世界の「新英語」(New Englishes) にもあてはまる。つまり、各地で発達しつつある英語のパターンは、各地の歴史的、社会的、文化的現実を反映したものなのである。

We must accept two premises concerning Indian English, as we should about any other Third World English. First, that the users of Indian English form a distinct speech community who use a variety of English which is by and large formally distinct because it performs functions which are different from the other varieties of English. Second, that Indian English functions in the Indian socio-cultural context in order to perform those roles which are relevant and appropriate to the social, educational and administrative network of India. (Kachru, 1976)

私たちはインド英語について、ふたつの前提があることを認識しなければならない。それは第3世界のどの英語にもあてはまることなのである。第1に、インド英語の話し手は独特の言語共同体を形成し、独特の構造をもった英語変種を使う。なぜならば、それは他の英語変種とは違った機能を果たすからである。第2に、インド英語の機能はインドの社会文化的状況の下で、インドの社会的、教育的、行政的枠組みに関連して、そこに適合した役割を果たすものなのである。

●インド人のインド英語観の変遷

インド人はずっと以前は、インド英語のことをあまりよく言わなかった。イギリスのタイムズ紙が1882年に、インド英語のことを"Baboo English"(インド人書記の英語)とか"funny English"(おかしな英語)と述べたことが、トラウマのようになっていたと思われる。その後も、"dog English"(犬の英語)、"bandit English"(盗賊の英語)、"a bear dancing, a dog walking on its hind legs"(熊の踊り、犬が後ろ足で歩くようなもの)、"incorrect English"(間違い英語)といった自虐的な言い方が、しばらく続いた。

しかし、現在は誰がなんと言おうとも、インド人はインド英語に熱い気持ちをいだいている。インド人の英語使用について

も、しっかりとした自己主張がなされている。R・S・グプタとK・カプールは、インド英語の正用法について、次のように述べている。

"What primarily concerns the majority of the speakers in India is the comprehensibility of their speech and writing on a pan-Indian basis.... This leads us to the inevitable conclusion that we have to develop our own norms of acceptability instead of seeking every now and then the opinion of native speakers.... We do not want our whole vocation to be an endless imitation of the Queen's English. The English used in India cannot but take its shape from the contextual spectrum of its speakers — their lifestyles, their thought, ways, and the very ethos they breathe. The norms of acceptability change from place to place and time to time." (Gupta and Kapoor, 1991)

大多数のインド人の主な関心事は、彼らの話したり書いたりする英語が広くインド全体で通じるかどうかである。私たちはこのために、インド人の語法規範をもたなければならなくなる。いつもネイティブの意見を聞いているのではよろしくない。私たちはさまざなな職業のなかで、絶え間なくクイーンズ・イングリッシュを模倣し続けるわけにはいかない。インドの英語は必然的に話し手の位置する状況——生活、思想、習慣、そしてなによりも人々が呼吸する民族の精神——のなかで形成される。語法の規範は場所や時代によって変化するものなのである。

●**文字どおりの発音**

　教育を受けたインド人のなかには、非常に流暢な英語を話す人が多い。しかし、彼らはおしなべて独特の発音・抑揚を使う。イギリス人で面白半分にこれを真似して、からかったりする人がいるが、あまり感心したことではない。まして、日本人がこれに追従笑いをするのはいただけない。インド人にとって、英語は彼らの言語なのである。

　インド式の発音の一例をあげると、「文字どおりの発音」がある。Wednesdayを「ウェドゥネスデー」とか「ウェドゥンズデー」と発音する人がけっこういる。シンガポールやマレーシアにいるインド人も同じである。特に、インド人同士で話すときに、こうなるようである。別の例をあげると、次のものなどがある。

> wanted、washes、except、perfect、develop、useless、goodness、tallest、objectなどの弱形のeは、[ə]にならず[ɛ]とそのまま発音される。
> John's、reads、needlesなどの-sは[z]でなく[s]になる。
> kicked、picked、attackedなどの-dは[t]でなく[d]になる。
> mechanismが[メカニズム]でなく、[メカニスム]になったりする。

●**優雅な表現**

　インド人は文学、とりわけ詩を愛する人々である。英語の学習でも、とくに一昔前は、18世紀や19世紀の英文学を教材にしたそうである。それゆえ彼らは古典的で、文学的なことばを

好む。私がインドで出会った大学生に、"You speak English very well."と言ったところ、彼は"Thank you. I have toiled on it for many years."と答えたものだった。

典型的なインド人は「死ぬ」と言うのに、dieなどとは言わない。pass awayでも満足しない。その代わりにbreathe one's lastとかleave for one's heavenly abodeなどと言う。彼らの英語が丁寧とか、華麗といわれるのは、そんな傾向を指してのことなのだろう。

oldはancient、prettyはcomely、happyはblithe、eatはconsume、homeはplace of residenceとなったりする。"Life is not a bed of roses, but a hard nut to crack."（人生は薔薇の床にあらずして、艱難辛苦にあり）のような言い方は日常茶飯事である。

私はかつて、"How is life spinning at your end? I hope this letter finds you in the pink of health."（貴殿におかれましては、いかがお過ごし候や。御健勝のことと、拝察いたしおり候）という書き出しで始まる手紙をもらったことがある。spinは「展開する」という意味で、in the pink of healthは「最高の健康状態」ということであるが、両方とも文語に属する表現である。

インド人はことばを飾り、大げさな表現が大好きである。たとえば、very、extremely、mostなどを似たような意味をもつことばに重ねる。very vital、very best、very perfect、very unique、extremely excellent、most essentialなどはめずらしいことではない。さらに、one year's continuous service without break（1年間休みなしの継続ご奉公）のような冗長な表現さえある。

*Time*誌（February 27, 1995）はインド英語を"Inglish"と呼

び、"heavy style that is antiquated, prolix and opaque"（古く、くどく、不透明な重苦しい文体）とからかったことがあった。たとえば、"I will furnish (= give) the information."（情報を提供する）と言ったり、"Please intimate (= let us know) your departure."（出発時間をご通知ください）のような言い方をするからである。

"People felicitate (= congratulate) each other on their birthday."（人々はお互いに誕生日を祝賀する）や "Police apprehended the absconding miscreants."（逃亡中の悪漢を逮捕した）というのもある。ただし、これはお国柄とでも考えるべきものであり、一方的な価値判断をくだすべきではない。

また、*Newsweek*誌（March 7, 2005）はインド英語をHinglishと呼び、ヒンディー語混りのくだけた言い方に言及している。インド英語の幅は広く、奥は深い。

●礼節の表現

インド人は礼儀を重んじ、謙虚な態度をよしとする。このためか、彼らはkindという語を実によく使う。kind information、kind consideration、kind presence、kind encouragement、kind notice、kind attention、kind interestなどといった具合である。

ある大学で奨学金を申請した学生は次のように書いた。"I pray with my two folded hands to your kind honor to have kind consideration for my pitiable condition."（私の哀れむべき状況を考慮していただけますように、両手を合わせて祈らせていただきます）

また、"May I know your good name, please?" という言い

方もよく耳にする。「お名前をお伺いしたいのですが」の意味であるが、your good nameには思わず恐縮してしまう。しかし、こう言われて、悪い気はしない。アメリカ人やイギリス人がこう言わないからといって、これを変な英語とみるのは禁物である。

インド人はちょっとかしこまった手紙には、最後にたいがい "Thanking you." とつけ加える。"I promise to take up the task with complete sincerity and dedication. Thanking you." (誠実さと献身をもって仕事をお引き受けすることをお約束いたします) などは、よくあるパターンである。

ビジネスレターでは、"Your esteemed order has been duly noted."(ご注文はたしかに承りました) などとなる。"your esteemed order" とは何と「ご注文」のことである。もっとも、インド人同士のビジネスでも、このような冗長な言い方は段々とすたれてきており、いまではなるべくシンプルな表現をするようになっている。

インドには厳密な地位体系が存在する。インド内のいろいろな言語もそれを反映して、複雑な敬語のルールをもっている。このことは英語の表現法にもあらわれる。インド英語にはインド文化がうまく融け込んでいるといってもよい。お願いするときにはaskでは無礼になるそうで、requestにしなければならない。

たとえば、休暇願いを出すときなど、"Could I ask you to grant me leave?" とすると失礼にあたるので、"I request you to grant me leave." とするのが適切であるといわれる。このrequestには、さらに複雑なルールがある。会社などでは、部下は上司に、"I request you to look into the case."(この件を

調べてください）と能動態を使うが、上司は部下に、"You are requested to look into the case."と受動態にする。部下が上司に受動態を使うと侮辱したことになるそうである。

●**語彙と語法**

　インド英語の特徴を語彙や語法の観点から見るのも興味深い。第1に、現代標準英語にはインド諸言語から1000におよぶ単語が入っている。bungalow、calico（キャラコ）、juggernaut（絶対的な力）、jungle、khaki（カーキ色）、loot（戦利品）、pajamas、pundit（専門家）などは日常語となっている。また、ginger、orange、mango、pepper、riceなどは、他言語を経由して、英語に入っている。

　第2に、インド英語には、インド諸言語起源の語句がいっぱいある。"Mr. Gupta was gheraoed for two hours last everning."（to gheraoは労働組合の面々が会社の幹部を取り囲み要求が通るまで解放しないこと）、"Everyone is dismissing off my career saying 'Oh, she chamchofies the big men.'"（to chamchofyはchamcha（上役におべっかを使う人）を動詞としたもの）。インド英語が外部のものにわかりにくいのは、こういう表現がたくさん散りばめられているからである。

　第3に、インド人がこしらえた新語・新形がある。preponeはpostponeの類推でできたもので、「繰り上げる」の意味だし、co-brotherはインド社会の親族名称にある「妻の姉妹の夫」の意味である。また、free-ship（free studentship、授業料免除の学生）とか、debtful（indebted、借りのある）のような新形もある。次の文章には、インド英語の語彙や語法がたくさん見られる（イタリック部分参照）。

When I came back, they were all in the *sit-out*. Mummy was gossiping as usual: she was *telling* that a friend of hers who is *carrying* had been deserted by her husband. "He has gone off to his *keep*. What a *third-class* fellow! He should be *shoe-beate*n." She was getting quite excited and, to change the subject, Uncle mentioned that Oxford, the *reputed* publishers, had this *morning only* sent him a new book that he was sure Mummy would find *very much interesting*. The book, about Indian and British English, was, he said, in two parts.... Now Mummy has a *soft corner* for the English language and was only waiting for an opportunity to *discuss about* it. "*Yes-Yes*! In every *nook and corner* of the country peopl are *talking* Indian English." (Muthiah, 1991)

私が帰宅したとき、みんなは庭にある憩いの場に出ていた。ママはいつものようにゴシップに花を咲かせていた。そして、妊娠中の友だちが夫に捨てられた話をしていた。「彼は2号のところに行ったんですって。最低ね。靴たたきに値するわ」。ママはひどく興奮していたので、叔父は話題を変えようとして、有名な出版社のオクスフォードが今日の朝、新刊書を送ってきて、ママにも非常に興味深いのではないかと言った。その本はインドとイギリスの英語についてのもので、2部からなっているということだった。ママは英語にとても興味をもっており、その話を待っていた。「そうよ。この国ではどこでもみんなインド英語を話しているわ」

sit-out：庭の一角で、家人がくつろいだり、来客をもてなす場所
telling：イギリス英語ではsaying

carrying：妊娠中のこと。婉曲表現で目的語を省略している。She is due. とも言う。

keep：2号さん（mistress, concubine）のこと

third-class：イギリス英語では third-rate

shoe-beaten：to shoe-beat より。靴やスリッパで人を叩くことはその人に対する最大の侮辱となる。

reputed：評判の。標準英語になっているが、インド人はインド起源と考える。

this morning only：今朝を強調した言い方。today only（まさに今日）、now only（いましがた）も同じ。

very much：インド人は強調が好き。very best や Yes-Yes, No-No も同じ傾向の反映。

soft corner：イギリス英語では soft spot（泣きどころ）

discuss about：標準英語では前置詞は不要。インド英語では mention about も可。なお、この語法はシンガポール、マレーシア、フィリピンなどの英語公用語国でもよく使われる。もちろん、日本人もよくやる。

nook and corner：イギリス英語では nook and cranny（隅々）

talking：イギリス英語では speaking

●インド英語の語彙体系

インドは多言語社会であり、かつ重層社会なので、インド英語の語彙はその豊富な源泉を利用して、実に大きな体系をなしている。ここでは、それを記述する簡単なモデルを示しておく（次頁の図参照）。このような記述は、他国でもあてはまる場合が多い。インド英語の語彙は、まず、現地語を基盤としたものと、英語を基盤としたものに分けられる。

```
┌─────────────────────────────────────────────────┐
│              インド英語の語彙体系                │
│                                                 │
│                 インド英語の語彙                 │
│                ╱              ╲                 │
│          現地語基盤           英語基盤           │
│         ╱    │    ╲          ╱      ╲           │
│    ヒンディー語 タミル語 …… インド居住の英人発 インド人発 │
│                                    ╱ │ │ ╲      │
│              意味移行    類推   文化的反映  ……  │
└─────────────────────────────────────────────────┘
```

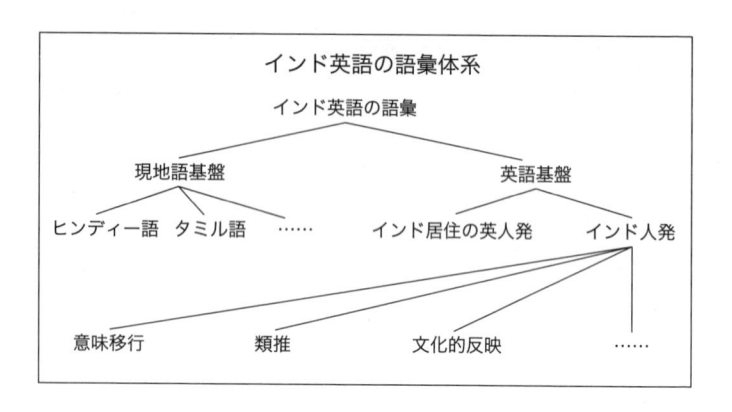

　現地語を基盤にしたものは、さらに、ヒンディー語、タミル語などの影響を考慮しなければならない。英語を基盤としたものは、アングロ・インディアン (Anglo-Indian) と呼ばれる、インド居住の英人の作り出したものと、インド人のこしらえたものがある。後者では、インドの自然環境や社会構造に合わせて、いろいろと興味深い工夫がなされている。

　次にいくつかのカテゴリーに絞って、若干の例をあげておく。

◎現地語基盤 (vernacular based)
　ayuruveda：アユルベーダ、インド式医学のこと（サンスクリット起源）
　amrita：飲みものなどに言及して、甘くておいしい、幸せな気分になる（ヒンディー語起源）
　arrack：地酒
　chapatt：パン
　babu：書記、役人
　sahib：〜さん　Director-sahib (所長さん)
　ji：さん　Kachru-ji (カチュルさん)

◎英語基盤 (English-based)
① 意味移行 (semantic shift) 現地の状況に適応して、語句の意味が変化すること。
  alliance：結婚
  balance：お釣り
  boiled：カレーなどが、あまり辛くない
  hotel：レストラン
② 類推 (analogy)：英語の語構成規則を利用して、独自の表現を作ること。前述した prepone（前倒しする）はこの典型的な例。
  disvestment：国営企業の私企業化　dis+investment（政府が投資を引き上げること）から
  age-barrd：年齢制限あり　反対は age no bar。color bar（皮膚の色による差別）から
③ 文化的反映 (cultural reflection)：インドの社会風土や伝統文化を反映させた表現。類推による語法が多い。
  interdine：カーストの異なる人々が食事をする
  intermarry：彼らが結婚する
  cousin-sister：女のいとこ。男のいとこは cousin-brother
  インドは親族構造が複雑で、それにともない親族名称も多岐にわたっている。

●多様なインド英語

　注意しなければならないことは、インド英語のなかにはさまざまな変種があるということである。インド英語は実に多様で、地域の言語文化や話し手の教育経験といった社会的変数によって、いろいろなパターンに分類できる。地域でみると、発音な

どに大きな差異がみられる。次はその一例である（Mehrotra, 1982）。

タミル英語
　Eye yate yeleven yeggs.（I ate eleven eggs.）
　Meester Bharma uaj bhomitting in the bharandah, Sir!（Mr. Verma was vomitting in the verandah, Sir!）
ヒンディー英語
　It ij terribull. Prejence ij poor in i-school.（It is terrible. Presence is poor in school.）
パンジャビ英語
　Go sutterait in the suttereet and ju bill find the house ju bant!（Go straight in this street and you will find the house you want!）

　このように、インド人は特有の英語状況のなかで、独自の文化的価値観を維持し、独自の発想で英語を使う習慣を身につけたのである。国際的な環境のなかで、その内容が適切かどうかという問題はあるが、英語の学習が英米文化の学習につながるとは限らないということを示す、好例といえよう。

タイの英語

●政府の英語教育政策

　タイ政府は、1997年の経済危機以来、国民が急速な技術進歩と、急変する国際ならびに国内社会の動向に遅れをとることのないように、教育の質の向上を目指すおおがかりな教育カリキュラムの改編に着手した。そして、すべてのタイ人に12年間にわたって無償で、質の高い基礎教育を保障することを約束し、そのうち9年間を義務教育と定めた。

　外国語教育では、とくに英語教育が重要視され、コミュニケーションスキルを習得し、世界の情勢に遅れずに向き合う思考力と行動力を身につける訓練が求められる。タイでは、海外の情報がすぐにタイ語に翻訳されるわけではないので、英語のできる、できないは、大きな違いを生む。事実、英語情報をもつ一部の高学歴層とそうでないもののあいだには、まさにイングリッシュ・ディバイドと呼ぶべき大きな格差が進行している。

　一般に首都バンコク市内のレベルの高い学校では、低学年の生徒でも、英語力は高い社会的ステータスと、それに見合った収入を意味することを知っている。このために、学習意欲が高い。政府は、各校が地域の特色や事情に合わせて、独自のカリキュラムを作成することを許容しており、公立でも、学校によっては小学校から非常に高度の英語教育が行われている。この点においては、とても日本の比ではない。

　政府はそれでも、全国共通のナショナルシラバスを示している。初等・中等教育を定める基本教育カリキュラム（2001年）では、外国語（実際は英語）学習を次のように解釈している。

「今日、外国語学習は、国際交流、教育、ビジネスに不可欠であり、世界経済の競争力を身につけるためにも必要である。われわれはグローバル時代において、他の文化と国々を知る必要があるため、外国語学習によって視野を広げ、外国人と正しく、自信を持ってコミュニケーションすることが求められる。さらに、生徒は外国語学習を通じて、タイ文化をよりよく理解し、それに誇りを感じるようになるだろう。将来、彼らは、世界に向けてタイ文化を象徴する存在とならなければならない」

外国語学習とタイ文化との関連に言及していることは興味深い。小学校では、次の達成目標が設定されている。これはかなり高度なので、驚きである。

◎第1段階(初等教育3年生修了時)
① 日常生活と周囲の状況に関する情報を交換し、提供するさいに、外国語を理解して使う。
② 自分、家族、学校、周囲の状況、飲食物、他者との関係に関する会話ができるリスニングとスピーキングの能力を有する。必修語彙(具体語)は300から450語。
③ 日常会話で1語のコメントあるいは単文を使うことができる。
④ ネイティブ・スピーカーの言語文化、習慣、伝統を学び、理解することができる。
⑤ 関心と年齢に応じて、他の科目分野の情報を提供し知識を表現することができる。
⑥ さらに知識を追求し、楽しみながら、教室と学校の環境で外国語を使うことができる。

◎第2段階(初等教育修了時)
① 自分と他者、日常生活の体験、地域の環境について情報を交換し、提供するために、外国語を理解して使う。
② 自分、家族、学校、周囲の状況、飲食物、人間関係、余暇と娯楽活動、健康と福祉、商品の売買、天気に関するコミュニケーションが可能なリスニング、スピーキング、リーディングの能力を有する。必修語彙(具体語と抽象語)は1050語から1200語。
③ 第2段階で求められるコミュニケーションで単文と重文を作り、使うことができる。
④ 第2段階で求められる口語体と形式的な会話のメッセージを理解することができる。
⑤ 第2段階で期待される難度に合った、ネイティブ・スピーカーの言語文化、習慣、伝統を学び、理解することができる。
⑥ 第2段階で期待されるスキルの難度に合った、他の科目分野の情報を提供し知識を表現するために、外国語を使うことができる。
⑦ さらに知識を追求し、楽しみながら、教室と学校の環境で外国語を使うことができる。

●**教科書のコンテンツ**

この数年間で、タイの中等教育で使用される英語教科書は、欧米化が著しく進んだ。以前は、輸入教科書に混じってタイ人の著者が著した中等教育における英語の教科書が使われており、そのような教科書のほうが、トピックや内容は国際性に富んでいた。欧米の文化に関わるトピックばかりでなく、タイはもとより、アジア諸国や英語圏以外の世界の国々を多く扱っていた

のである。最近では、初等教育は別として、中等教育におけるタイ人の手による教科書は激減した。

数年前までは、たとえば、チュラロンコーン大学の英語担当教員のグループが、中等教育の英語教科書の執筆にあたっていた。しかし、その内容が輸入教科書に劣るとの批判を受けたため、著者らは執筆を断念した。基礎教育カリキュラムが、タイ人らしさ、タイ人としての自覚と誇りを重視し、外国語の習得により、タイから世界に発信し、その発信者はタイを象徴する人材であるというのにもかかわらず、その英語は、ますますネイティブ・スピーカーの志向を目指しているかのようである。

しかし、タイの英語教育関係者と話していると、この変更は英語教育の改革を模索する一過程の現象であり、改革が成熟するにつれて、タイ人の手による、タイの子どもたちに適した教科書が復活すると考えられる。タイの英語教育政策にたずさわる人々のなかには、英語はアジアのことばであり、アジア人同士の相互理解とコミュニケーションのために欠くことのできない言語であるという認識が広まりつつあるように思われる。

参考までに、タイの中等教育で以前に使われていた教科書の内容に言及する。これらの教科書では、*Bangkok Post Student Weekly*や*Bangkok Post*あるいはその他の新聞の記事が多く使われていた。

"Passengers flying out of Thailand through Bangkok International Airport will pay 250 baht departure tax from May 1. The tax is now 200 baht. Other International Airports including Chiang Mai, Hat Yai and Phuket will stay at 200 baht. Domestic departure tax will stay at 30 baht." (後略)

バンコク国際空港から出国する旅客は5月1日より250バーツの空港使用税を支払うことになる。現在は200バーツである。チェンマイ、ハジャイ、プケット等の国際空港では200バーツに据え置かれる。国内便の空港使用税は30バーツのままである。

●タイ人の英語

バンコクのような主要都市での印象であるが、上に立つ人々は英語のできるものが多い。このことは、国会議員、官僚、教育・研究者、ビジネスにたずさわる人々に、一様にあてはまる。彼らは英語ができることに特に気負いをもっておらず、ごくあたりまえといった様子である。彼らの英語はおしなべてよく訓練されており、発音などにあまりクセがなく、聞きやすい。国内で勉強した人が多いが、かなり上達している。アメリカ、イギリス、オーストラリアで勉強した人も、そんなにかぶれていない。

タイ人の英語にはときおり、タイ人がタイ語でよく使うことばが混じる。タイ人のライフスタイル、あるいはメンタリティのなかで最もポピュラーな概念は、Mai pen rai. という表現で示される。約束の時間に遅れても、相手は Mai pen rai. と言ってくれる。これは、英語では Never mind.／It's OK.／No problem. の意味といわれるが、ときには日本語の「しかたがないよ」「なるようになるさ」にあてはまるような気もする。しかし、けっして否定的な意味ではない。自分に対しては自尊心を確認し、相手に対しては気配りをする表現のようである。

また、タイ人はご他聞にもれず、タイ語のなかに英語からの借用語をたくさん入れている。タイ語から英語に入るのと同じく、英語からもタイ語に入る。どこにでもある言語交流の一例

である。彼らはこれらを、英語のなかにまじえることもある。たとえば、It's too hot here. Sorry, we have no air (= air conditioning) in this place.といった具合である。

Cambridge International Dictionary of English (1995 : 1484)はこれらをfalse friends（偽の友達）と呼び、英語では通じないと決めつけている。はたして、そうであろうか。アジア人なら、上例などはすぐに了解できると思われる。マレーシアやシンガポール、あるいはフィリピンでは、airconといっている。We have three aircons here; an aircon bus. 彼の地では、airconはれっきとした英語なのである。air conditioningをairといおうが、airconといおうが、違いは紙一重であろう。

「タイ英語」では、manshionを「ニホン英語」と同じ意味に使う（= luxury condominium）。水道の蛇口をcockというのも似ている。butterfly (= womanizer)、captain (= restaurant manager)、check bill (= check or bill in a restaurant or a bar)、village（団地）、zigzag（非合法的に行動する）などは、英語のなかで使われても、ちっとも違和感がない。「所変われば品変わる」のつもりで、変化を楽しみたい。

社会言語学（言語使用を社会的コンテキストで究明する言語研究）では、Who Says What to Whom When／Where（だれがだれにいつどこで何と言うか）という観点が重要といわれる。ことばの使い方に生じる変異の要素を述べたものである。人間の言語生活では、すべての人が、いつでもどこでも、同じように言うことはない。それは、何よりも不自然のきわみである。言い方が違っていても、お互いに理解しようとする態度と、違いを理解する能力を大切にしたい。

ベトナムの英語

●ベトナム人の英語熱

　ベトナム人の英語熱は相当なものである。政情が安定し、経済が復興の兆しをみせると、海外から政府や企業関係者が続々とベトナムを訪れる。それにならって、観光客も日ごとに増大する。官庁、オフィス、店先で、ベトナム人と外国人との会話は、自ずと英語となる。ハノイにある英国文化振興会の担当官はベトナム人の英語フィーバーに驚嘆の声をあげている（*Far Eastern Economic Review*, March 21, 1996）。

　英語熱は、ベトナムが英語を国際言語とするASEANに加入することを目標にしたときから、ずっと続いている。政府は1994年に布令を出し、公務員全員に英語を学習することを求めた。東南アジア教育大臣機構（SEAMEO）の地域言語センター（RELC、在シンガポール）はこれに呼応して、ベトナム人のためにいろいろな英語教育プログラムを立案したのである。

　この英語研修はいまでも続いている。私は1998年の春と夏にRELCで客員教授を務めたが、そのときにベトナムの公務員、実業家、教師グループに授業をする機会があった。彼らは英語を英米文化の反映とは考えず、広域交流の道具と言っていた。彼らは国情について実によく語った。私のちょっとした質問に、あちこちから手が上がった。

　ベトナム人の英語学習意欲は公務員に限らず、裕福な人々から底辺の人々と、国民のあらゆる階層におよんでいる。店の売り子はアメリカ人をみると英語で話しかける。"Why not buy two and get half off second!"（2個買うと、1個は半額）。彼らは

現地で放送されるアメリカのテレビ番組を見て英語をピックアップする。

ベトナムはフランスの植民地であったため、現在も47カ国が参加するフランス語諸国連合（La Francophonie）の一員となっている。フランスはかつての影響力を回復するために、ベトナムのフランス語教育を熱心に助成しようとしている。その一環として、連合が1997年にハノイでサミットを開催したときに、フランスは国際会議場を建設するために多額の出費をした。ベトナムはこれに対して1,500人の要員をフランス語で教育することを約束した。

ただし、消息筋によると、ベトナムはこの会議場を利用して、将来、アセアンの会議を開催することを希望しているそうである。新興国のしたたかさが感じられるが、ASEAN諸国との関係は経済的にも文化的にもきわめて魅力的ということだろう。そして、英語はそのパスポートなのである。ベトナムは英語が経済言語（English means money.）であることを、実にダイナミックに示している。

●高、中、小での英語教育

ベトナムでは1975年のベトナム戦争終結後、そしてその後の南北統一にあたって、高等学校で外国語を学ぶ生徒の割合を、ロシア語6割、英語2.5割、そしてフランス語1.5割とするように定めた。事実、旧ソ連との関係が強まるなかで、ロシア語断然優位の時代が到来する。しかし、それは80年代の終わりまでで、90年代に入ると急激に英語優位へと傾斜していった。

この傾向は計画されたものではなく、人々が国内の経済制度の変化に機敏に反応した結果といえよう。英語の需要が急激に

増大したのである。英語は教える人にも使う人にも増収入をもたらした。両親は子どもに英語を学ぶことをすすめ、学校は英語のクラスを大幅に拡大せざるを得なかった。

ベトナムでは高等学校（10〜12年生）で外国語（ロシア語、英語、フランス語）が必修となっている。また、都市部では中学校（6〜9年生）でも必修にしているところもある。英語が最も人気が高く、需要が供給に追いつかないでいる。ホーチミン市（旧サイゴン市）のある中学校では28の外国語クラスがあり、そのうち英語は23クラスで、残りの5クラスはロシア語とフランス語となっている。最近では小学校でも英語を教えるところがある。[*1]

学校は英語教師の不足とロシア語とフランス語教師の過剰を克服するために、英語教師に有給で追加の授業を課している。たいがいの学校は2部授業（7時半から正午／1時から5時半）を行っており、英語の先生は自分のノルマを果たしたあと、別のシフトや他校で追加の授業をして、特別の収入を得る。

また、第2外国語を必修にしてロシア語やフランス語教師の仕事を維持したり、英語の学習希望者をテストで選抜するところもある。以前の話であるが、ハノイのある高校では800人の生徒が全員英語を希望したが、ロシア語教師が5人、フランス語教師がふたり、英語教師が何とひとりであった。やむを得ず、他所から英語教師を雇って、その場を切り抜けたという。

カリキュラムは6年間用と3年間用の2種類があり、教育訓練省がその内容を制定する。同省認定の教科書は1年に1冊とされ、6年コースは6冊、3年コースは3冊与えられる。興味深

[*1] Denham（1992）より。本項の他の記述もこの論文によるところが多い。最近の傾向はこれらの動向を加速し、増幅していると見てよい。

いことに、両コースは学習期間が違うだけで、学習項目や授業時間（週3〜4回）は同じである。12年生修了時の全国試験では、コースに関係なく、同じ問題が出題される。

英語教育の目標は読解能力の育成にあり、教授法は構文の理解を主眼として、文法翻訳法が主流となっている。クラスサイズは最少50人が普通で、教育効率がよいとはとてもいえない。事実、多くの生徒は高い月謝を払って、放課後に少人数制の私塾に通学している。塾には学校よりもよい先生がいるといわれている。たいがい、学校の教科書が利用され、全国試験や大学入試の受験勉強の指導が行われる。

●大学での英語教育

高等教育は総合大学、師範学校、医科大学、外国語大学、外国貿易大学、国際関係大学などといろいろに分かれている。どこでも、外国語は重視されている。師範学校には現在の（小）中高の科目となっている英語、ロシア語、フランス語のコースしかないが、外国貿易大学では、日本語や中国語も教えられている。

師範学校では、学生はかなり厳しい訓練を課せられる。中学教師養成コースは大体3年間で、専攻の外国語について1,740時間の授業を受ける。高校コースは4年から5年かかる。師範学校は国立なので、以前は学費給付生が当たり前だったが、現在は自分で学費を払って入学するものが圧倒的に多い。特に英語教育は人気がある。

師範学校では現職の外国語教員の訓練も行っている。ロシア語教師を英語教師に任用するために、2年間の集中英語教育プログラムなどもある。また、各大学の英語科では市民のために

さまざまな種類の英語講座を開講し、有料にもかかわらずいつも超満員といわれる。

英語教師の収入は国の標準からみれば、かなりよい方である。ずっと以前のことだが、大学の英語教師の基本給が月7ドルのとき、評判がよく、コネのある者なら月100ドルは稼いでいた。これは国民年間平均所得が200ドルであったことからみれば、たいへんな額であることがわかるだろう。彼らはベトナム人に限らず、外国人に英語を教えることもある。

ベトナムの英語モデルを明示することは、なかなか困難である。年配の先生はイギリスに留学した者が多いので、大学ではイギリスのテキストがよく使われる。また、アメリカとの関係も修復され、アメリカ英語も影響力を増している。さらに、ASEANとのつながりから、「国際英語」という考え方も広まりつつある。中国政府の奨学金で中国で英語教育を勉強するということもある。

1991年にホーチミン市で言語教育会議が開催されたが、そこでシンガポールの社会言語学者で、有名な小説家でもあるキャサリン・リム（Catherine Lim）は「英語は現地の価値体系と無関係であるばかりか、有害となる社会的、道徳的、文化的様式をもたらす可能性がある」と警告し、ベトナムの英語関係者に強い印象を与えた。彼女の論文のタイトルは"English for technology — yes! English for culture — no!"であった。

●ラオスとカンボジア

政府のトップが率先して英語を学ぶという姿勢はラオスにも見られる。ラオスでは各大臣が毎日5時間も英語を勉強して、ASEAN入りに備えたそうである。また、外務省の英語研修生

をシンガポール、ブルネイ、タイなどに送っている。カンボジアではフランス語の影響力が強いが、ラナリット前第1首相は学生の強い要求に応えて、英語教育の普及を約束した。

インドシナの人々はこれから、英語をアジアや欧米のいろいろな人々と話す国際言語と認識していくだろう。話し手同士はお互いにノンネイティブ・スピーカーの場合が多いのである。かつては、ベトナムのホテルのロビーで、ベトナム人が人を待っている外国人に熱心に英語で話しかけ、英語を勉強している姿を見かけた。現在は、ベトナム人の英語使用の場面が拡大しており、こういった光景は見かけなくなった。英語のこのような動きは、必ずやその構造に大きな影響を与えるだろう。

マレーシアの英語

●支配者層に幅広く浸透した英語

　マレーシアは1957年にイギリスから独立した立憲君主制の連邦国家で、現在はマレー半島の11州（西マレーシア）とサバ、サラワクの2州（東マレーシア）からなっている。総人口は2100万で、そのうちマレー系が47%、中国系が32%、インド系が8%を占めている。

　イギリスは、18世紀後半にマレー半島を植民地化した。そして、19世紀の初め、土地のエリートを養成するために、英語で授業をする私立学校を奨励した。1816年に設立されたペナン自由学校が、そのような英語学校の最初のものといわれている。20世紀に入る頃には、英語は現地支配者層の間に、相当広く浸透していたようである。1900年には、学生の5分の1は英語学校に通っていた。

　第2次世界大戦後、イギリスは1948年に9つのイスラム首長国と、マラッカ、ペナンのふたつの直轄植民地をもとにしてマラヤ連邦を創立し、英国の保護領に加えた。その頃になると、民族主義が高揚しマレー語に対する自覚も強まり、独立を目指してマレー語の公用語化が話題になっていた。

　そして、マラヤ連邦が1957年に独立したときに、国語はマレー語になった。ただし、当時の憲法は、その後10年間は、英語を公用語として残すことを謳っている。その10年の期間に、政治、経済、文化、教育などの面で、英語からマレー語にシフトさせることを狙ったわけである。

　マラヤ連邦は1963年にシンガポールとサバ、サラワクを加

えて、マレーシア連邦になる（シンガポールは1965年に分離独立する）。1967年の国語法では、マレー語をマレーシア語と命名し、これを唯一の公用語と制定した。学校教育は徐々に英語からマレーシア語に移行し、1983年には初等中等教育はすべてマレーシア語でなされるようになった。

　もちろん、これで英語の使用が弱まったわけではない。むしろ、独立後は英語の土着化が進んだといった方がよいかもしれない。文化の面をひとつ取ってみても、英語演劇は非常にポピュラーになっていたし、英語で書かれた短編小説もひとつのジャンルとして確立していた。こういった分野の作家はあたかも人々が話す英語を記録するかのようにして、台詞や会話を書いたのである。

●実利英語

　マレーシア人は、自分たちの話す英語をいつも Communication English という。英語は伝達の道具であって、それ以上ではないという認識である。英語をイギリスと結びつけて、イギリス理解の手段とするようなアプローチはあまり見られない。専門家のなかにはこれを Utilitarian English（実利英語）と呼ぶ人もいる。

　政府は1970年に、英語を第2言語（the second most important language in the country）と定める通達を出した。そして、学校ですべての子どもに英語を教えることを義務づけたのである。さらに、文部省は1975年に、英語教育の新指導要綱を導入し、英語教育の目的について、「必要に応じて英語を効果的コミュニケーションのために使用できる国民を育成するため」と記した。

また、その到達目標について、次のような言い方をしている。

For all practical purposes, the minimum level is simply where the communicational intent is successfully conveyed, irrespective of the linguistic finesse. The maximum level is, of course, native speaker ability.

実際上、最低水準は、言語上の巧拙を問わず、意思伝達ができるレベルとする。もちろん、最高水準はネイティブ並みの能力である。

事実、マレーシアでは、コミュニケーションのための実利的なマレーシア英語が発達している。それは、標準イギリス英語を基礎にして、現地の言語文化を組み込んだもののように思われる。何となくマレーシアの雰囲気が伝わってくる気がする。以下に、その特徴をいくつかあげよう (Wong, 1982)。

●発音・語彙の特徴

◎語尾の子音群（複数の子音が続いている場合）は単音となる。
すなわち、deskはdesのように発音される。
例：tasks [tas]、risks [ris]、guests [ges]、depth [dep]、clasps [claps]、prompts [proms]、script [scrip]、collect [collec].

◎語中の子音群は母音によって分割される。
例：little [littel]、turtle [turtel].

◎thは無声の場合は [t]、有声の場合は [d] となる。
例：three [tree]、think [tink]、bath [bat]、this [dis]、that [dat]、though [dough].

◎vは [w] になる。

例：valley [walley]、even [ewen]、heaven [heawen].

◎マレー語を借用する。

例：alamak：ちぇっ

Alamak! It's raining. I forgot my umbrella.

angkat：お世辞をいう

His boss likes him because he knows how to angkat.

◎マレー語の用法を転用する。

例：open／closeを家電製品のturn on／turn off（スイッチを入れる／消す）の意味で使う。

open／close the light (fan／radio／TV)

もっとも、「靴を脱ぐ」もopen your shoesとなるが、「靴を履く」はclose your shoesとはならない。

●文法の特徴

◎付加疑問文を "isn't it?" で広く使用する。

例：She was quite young, isn't it?

◎不加算名詞を加算名詞化する。

例：Let me give you an advice.／I love to eat fruits.

標準英語ではadviceやinformationは数えられないので、数をいうときには、a piece (two pieces) of advice／informationとする。また、fruitやfurnitureは単数形で集合的な意味に用いられる。ただし、個々の果物や種類を考えるときには単複形にもできる。An orange is a fruit.／What fruits do you sell here?

◎動詞システムを単純化する。

例：He leave my house last night.

時制は副詞にゆだねる。

    He called a cab by the time we arrived.

had calledにしない。すなわち、時制の種類を減らす。

    He say it all the time.

主述の一致をしない。

◎疑問文をつくるとき、主語と述語の語順を変えない。

  例：What you are doing?／Who you buy that for?

    You like this, ah?／He can come to my house or not?

  ah?や or not?は疑問詞の役割を果たす。

英語の先生は学校ではなるべくマレーシアニズムをやめるように指導しているが、なかなかうまくいかない。マレーシア英語というものが、ある程度できあがっているし、マレーシア人同士で英語を使うチャンスもけっこうある。以前、*Asiaweek* (October 15, 1982) にこんな記事が載っていた。

The Malaysian English instructor glowers at her neatly uniformed pupils. "If you say the word'la'one more time, I am walking out of this classroom. 'La'is French, not English." Minutes later she stomps out the door. Whisper the students to each other: "Teacher crazy-la."

マレーシア人の先生はかわいい制服を着た子どもたちを恐い顔をして睨んだ。「いいですか、今度laと言ったら教室から出て行きます。laはフランス語でしょう。英語じゃあないのよ」。数分したら、先生は本当に怒って、教室から出て行ってしまった。子どもたちは顔を見合わせ、小声で言った。「先生はクレージーね」

●海峡英語の新展開

la(h) はシンガポール英語にもマレーシア英語にも共通して出現する。マレー語か福建語起源といわれている。もちろん、フランス語の定冠詞 la とは何の関係もない。以前は崩れた英語の典型とされていたが、いまでは両方の英語を彩どる特徴的な要素と認識されている。Take it easy-la.（落ちついてね）／OK-la.（いいよ）といった具合である。

次に、マレーシア英語の典型的な会話をあげる。場所はカラオケ・ルーム (Lee Su Kim, 1998)。

A: Okay, who wants to start first?
B: Aiyo, my voice a bit sore-lah today.
C: I just recovered from the flu. My voice not so good.
A: Don't give me all these poor excuses. Then why you all come?
B: Cannot-ah?
A: Okay, what song you all want? The first one is Jambalaya.
B: Aiyer, everytime also this song ... so boring one.
（しばらくして）
A: Oi, give me the mike-lah. Why you hogging it all the time? I thought your voice was sore!
B: Wait, wait! I want to do this song! Let me sing this song! My favourite!
C: Ei, it's my turn-lah! Give me the mike! It's my song!
A: Teruk only. At first, all one kind, so shy to sing, now all

hadap case!

A：さあ、一番はだれ。
B：いや、今日は声がいがらっぽくて。
C：風邪が直ったばかりで、声がよくないんだ。
A：言い訳はよせよ。それじゃどうして来たんだよ。
B：悪いかよ。
A：わかった。みんな何にするの。最初はジャンバラヤだぞ。
B：うへー、いつもこれだ。あきるよ。
A：おい、マイクをくれよ。お前ばっかじゃないか。声がいがらっぽかったんじゃないのか。
B：ちょっと待って。これを歌わせてよ。大好きなんだ。
C：おい、ぼくの番だぞ。マイクをかせよ。これはぼくの歌だぞ。
A：本当にまいったね。最初はみんな恥ずかしがっていたくせに、いまではみんなその気になっちゃって。

Aiyo：いやいや（恐怖感などを指示する感嘆詞）
a bit sore-lah：ちょっといがらっぽくって
Cannot-ah?：いけないの　-ah：（疑問をあらわす助詞）
Aiyer：うへー（嫌悪、嘲笑の感嘆詞）
Oi, Ei：おい　hogging：やたらに自分のものにして
teruk：困った　only：ほんとうに
all one kind：みんな同じようで
hadap：その気になって

マレーシア英語のこれらの特徴の多くは、シンガポール英語にもみられる。両国の一部はかつて、イギリスのStraits Settlements（海峡植民地）と呼ばれていた。そこで、この地域

の英語をまとめて、Straits English（海峡英語）ということもある。もちろん、マレーシア人とシンガポール人はいまでも両国を行ったり来たりしている。

　1998年5月にペナンで開催されたマレーシア英語教育国際会議で、教育大臣（当時）のダトゥック・ナジブ氏は英語の国際的重要性を語り、21世紀に向けて国民の英語能力を増進する計画を打ち上げた。シンガポールに比べ、国民の英語運用能力が落ちていることは間違いない。両国の競争意識は相当なもので、マレーシア人はかなりの決意を抱いているようである。

　同時に、マレーシア語を教育言語としながらも、中学まではマレー語、華語、タミル語と言語別に学ぶ教育制度を定めたため、英語教育は後退し、若年層の英語力低下が問題視されるようになった。2002年には、サービス分野に就職を希望する大卒者1万3千人のうち、就職できたのはたった5％弱であった。他の人々は英語力不足を理由に、採用されなかったのである。

　マハティール首相（当時）はその頃、マレーシア語による教育政策は失敗だったと述べた。そして、国民の英語力向上を目的として、2003年より暫時、小中学校で数学と理科の授業を英語で行う決定を下した。英語の国際性を強調しながら、言語別学校の機能を弱め、国民統合をはかろうとする政策である。

　ただ、政治を独占するマレー人と経済を握る華人との対立は根が深いため、英語が国民統合の力になるかどうかは不明である。しかし、同国は2020年に先進国の仲間入りを企画しており、そのためにこの新たな英語教育政策を打ち出したのである。今後の動向が注目される。

シンガポールの英語

● シングリッシュの特徴

　現在、東南アジアの先進都市国家であるシンガポールは、1867年にイギリスの植民地となり、自由港、東西貿易の中継地として発展した。第2次大戦中は、日本に占領され、「昭南島」と呼ばれた。戦後はイギリスの支配下に戻り、1959年にイギリス連邦内の自治領となった。

　1963年にマレーシア連邦結成に参加したが、優勢を占めるマレー人との利害対立から1965年に分離、独立した。いまでも、マレーシアとシンガポールは、政治的にも、経済的にもいろいろと衝突を起こしている。しかし、両国民は国境を越えてお互いに行き来しており、同じような英語を話している。シンガポールにおける英語の社会的地位については前述したので、ここではその構造的特徴について記す。

◎発音の特徴として、イギリス英語で第1アクセントと第2アクセントがある語にも、平等のアクセントをおく。[*2]
　例：cé-lé-brá-tíon、án-ní-vér-sá-rý.
◎動詞と名詞の区別をしない。
　例：incréase、óbject.
◎独特のもの。
　例：advántageous、charácter、colléague、ecónomic、facúlty、spécificなど。

---

*2　詳細はTay (1982) 等を参照。

◎名詞＋名詞では両方にアクセントをおく。
例：shópping bág　イギリス英語では普通はshoppingにアクセントをおく。

● **語彙の特徴**

◎普通の英語と意味が違うもの。
例：coffee shop：街角の軽食屋（ホテル内の24時間営業のレストランのことも指す）
store house：1階が店で2階が住居の建物
bungalow：2階建ての住居
market：買い物をする　Where do you *market*？／My mother does her *marketing* in the morning.
outstation：出張中　He is outstation this weekend.

◎中国語からきたもの。
例：その典型はkia-su。これは福建語の「驚輸」からきたもので、「失うのを恐れる（afraid of losing）」の意味。
Why are you so *kia-su*? Didn't you score 95% last term for your Science subject? Let's go for a swim before we study for the Science paper. It won't take us very long.
どうしてそんなに負けず嫌いなの。先学期、科学では95点も取ったじゃないか。レポートを書く前にひと泳ぎしようよ。そんなに時間がかかるわけじゃないだろう。

なお、この語句は競争心のプラスの面だけでなく、他人に譲りたくないため邪魔をするというマイナスの面も指す。シンガポール人の国民性ともいわれている。

◎マレー語からきたもの。
　例：必ず出くわすのはmakan。この原意は「食べる」だが、Let's go *makan*.（食事に行こう）／It's *makan* time.（食事の時間ですよ）のように使う。
　shake legs：ブラブラする、くつろぐ
　I can *shake* legs now that the boss is out of town.
　ボスが出張なのでちょっと休めるよ。
　福建語起源だと、eat snake（仕事をサボル）となる。

●**文法の特徴**

　シンガポール英語の文法は多様なパターンを示す。話し手の教育経験、聞き手との関係、会話の状況、話題の種類などによって、文の構造が変化する。教育のある人が公的な場で堅い話をするときには、イギリス英語の文法とそう変わらない。しかし、教育のある人でも、親しい友人同士の気軽な会話になると、構文がかなりシフトする。ここではその一例をあげよう。

◎名詞の複数形をつくらない。
　例：One of my lecturer.
◎不定冠詞を省略する。
　例：May I apply for car license?
◎動詞の語尾変化が少ない。
　例：She study hard.
◎is it?とisn't it?を普遍的なタッグ・クエスチョンとして使う。
　例：You are from Japan, is it?
　　aren't you?よりもこれが普通。
◎動名詞の代わりに不定詞を使う。

例：I am looking forward to see you.

　英米英語では、I am looking forward to seeing you. となる。

◎canとcannotを独立して使う。

例：You come with me, can or not? — Can. / Cannot.

　この用法は中国語の「能不能」という言い方からきている。なお、英米英語ではCan. / Cannotを独立して使わないが、他の面で類似の用法がある。A：May rain. / B：Might.（雨かな—多分ね）

◎疑問文の答えとして、述語のみを使う。

例：Is he angry with me? — Angry.
　　Have you eaten? — Eaten.

　中国語などでは主部は理解されていれば省略され、述部だけが表出するので、これがシンガポール英語に反映する。

◎Be動詞を省略する。*3

例：Your teaching not so good.

◎gotをthere areの意味で使う。

例：Here got so many American teachers.

◎間接疑問文は「述語」＋「主語」。

例：May I ask where is the station?

　ここで大学生の会話例をひとつあげる。だいたい察しがつくだろう。

A：You stay in halls ah?　Got contact number or not?
B：Why?

―――――――――――――――――――――――――――――

*3　ただし、これには一定のルールがある。p.41を参照。

A：Then contact you lah!

B：Contact me for what?

A：ホステルに泊まってるの。電話番号あるんだろう。

B：なぜ。

A：連絡するんじゃないか。

B：なんのために。

＊ah：疑問の終助詞。or not?で疑問文にする。

●シングリッシュ丸かじり

　それではシングリッシュ丸出しの例を見てみよう。これは、インターネットで流された文章の一部で、シンガポールとマレーシアの関係を皮肉っている。かなりこなれた文章で、各行の終わりが韻を踏んでいるものもある（イタリック部分参照）。文法は上の説明でだいたい理解できるだろう。語句に多少の注釈をつけておく。

Under the ang mo, we all live happily together, no *complain*.
Malaysia & Singapore is one big family in our *brains*.
One moment like brothers, can give and *take*.
Next moment we kena kicked out by the *leg*.
Everybody know we water no enough.
They turn off tap only we all cannot last.
They threaten us with water supply and shout "Cut! Cut! *Cut!*"
Aiyoh! They all think the water is one big *ketupat*.
But their own economy now all go bust.

Got to sell water otherwise money no enough.
I think hor maybe they don't understand us very *well*.
That's why relationship sometimes like heaven sometimes like *hell*.
I think hor, Singapore is like chilli padi in a *pot*.
Size small small but still very very *hot*.

イギリスの支配下ではみな一緒にくらし、幸せで、不満もなかった。

頭の中ではマレーシアとシンガポールはひとつの大きな家族だ。

あるときは兄弟のように、助け合う。

でも、次の瞬間、すねを蹴飛ばされる。

シンガポールが水不足なことはだれもが知っている。

彼らが蛇口を止めれぱ、こっちはひとたまりもない。

彼らは給水で脅しをかけ、「水をやらないぞ」と叫ぶ。

困ったことに、彼らは水をいつでも利用できると思っている。

でも、あちらの経済は破裂した。

水を売らねばお手上げだ。

私はね思うんだ、多分彼らはこっちのことをよくわかっていないんだと。

だから、関係がよくなったり、悪くなったりする。

私はね思うんだ、シンガポールは鍋のなかの唐辛子畑みたいなものだと。

形は小さいが、やたらに辛い。

ang mo：赤毛、イギリス人のこと
kena：受ける（マレー語）
only：〜さえすれば

"Cut! Cut! Cut"や"Size small small but still very very hot."の反復語法に注意。p.40参照。

ketupat：バナナの葉で包んで蒸したライスケーキ、日常食のひとつ

money no enough：お金が足りない

hor：ね、よ、さ

　シンガポールの英語を駆け足で見てきた。それはネイティブ・スピーカーの英語の「核」となる部分を採用しながら、「周辺」の部分を独特の方法で取捨選択した結果といえよう。このような傾向は他の国にもあてはまる。非母語話者が使う英語には、多くの共通点がある。だから、これらを単に間違いとするよりも、ノンネイティブ・スピーカー・イングリッシュの特徴と考えた方が適切ではなかろうか。

ブルネイの英語

●2言語教育

　ブルネイ（正式にはブルネイ・ダルサラーム国）は、カリマンタン（ボルネオ）島北西部に位置するマレー系のイスラム国である。大きさは大分県とほぼ同じで、人口は32万人とのこと。立憲君主制で、国王が元首と首相を務めている。石油と天然ガスが豊富であるが、最近は軽工業、農業にも力を入れている。

　同国は1888年にイギリスの保護領となったが、1984年に完全独立を果たした。翌年すぐに2言語教育政策が制定され、マレー語（国語）と英語の振興が目標となった。英語は小学校から導入され、学科として教えられるだけでなく、教育言語としても使用される。同国では英語はリンガフランカとして広く通用している。

　学校では、マレー語と英語の使用に、一種の分業がなされている。低学年では英語を除いて、国語、算数、イスラム教、体育、図工、公民などはマレー語で教えられる。高学年になると、算数、科学、地理などは英語で教えられる。中学、高校では、社会科学、科学技術、家政、商業、起業などが加わり、これらはすべて英語となる。

　英語が重要視される理由はいろいろある。英語の国際性は言うにおよばないであろう。マレー語による教科書不足や海外留学などもあげられる。ブルネイには大学は1つしかなく、それは人文と教育分野に限定されており、他の学問を目指すためには海外に行くしかない。

　一番重要なことは、ブルネイではマレー人が7割をしめてお

り、マレー語とマレー人の民族文化の地位は確立しているという自信である。このため英語学習は、この権威を揺るがすことにはならないという認識がある。だから、英語は "a vehecle for progress and advancement in the modern world" と呼ばれ、大いに奨励されている。

● ブルネイ英語

ブルネイ人の英語を聞くと、マレーシア人やシンガポール人の英語とよく似ているという印象を受ける。とくに、普通の人の発音や構文について、そう感じられる。しかし、専門家の研究によると、ブルネイ英語の特徴もいろいろと記述されている。そこにはマレー語の微妙な影響が見られる。

たとえば、一般英語では同一の名詞に言及する場合には、後者が代名詞となるのが普通であるが、マレー語では曖昧さを避けるために名詞そのものが繰り返されることが多い。ブルネイ英語の正式なスタイルでは、この慣習が転移することがある。特に王室のメンバーに関する場合には、新聞報道でも、heやsheの使用は非常に少ないようである。

また、単語使用ではフォーマル／インフォーマルの区別をあまりしない。laud（ほめたたえる）はイギリス英語では文語に属し、日常語ではなくなっているが、ブルネイ英語では "Some officials and cement traders lauded the move." のように、普通に幅広く使っている (Othman and McLellan, 2000)。

文法的に興味深いのは、「would」と「過去完了」の用法である。これらの事例は、現地の英字新聞 (*The Borneo Bulletin*)、公示、観光案内、消費者ガイドブックその他の文章にも頻出する。いずれの場合にも、ブルネイ人のマレー文化が英語の中に

転移しており、独特の土着化が進行していることをものがたる（以下、例文はSvalberg, 1998より）。

たとえば、ブルネイ人は自分の意見や意図を表現するのにwouldをともないがちである。これは自己主張を穏やかに表現するためでる。このことは、次の文によく出ている。ここではwouldを使うことによって、穏やかで、控え目の気持ちを表現している。willは意思が強く出ると思われるので、ブルネイ人は使いたがらないようである。

With the information given above, visitors to Brunei would be more familiar with the country and sensive to its culture, tradition and outlook. With this deep understanding, visitors would further enjoy this country we call the "Abode of Peace."

上記の情報により、ブルネイへの旅行者はわが国をよく知り、わが国の文化と伝統、そして考え方に敏感になるであろう。このような深い理解をもてば、旅行者はわれわれが「平和の棲家」と呼ぶこの国をさらにエンジョイすることになるであろう。

またマレー語では、未来の出来事には「アラーの神のおぼしめがあるならば」という表現が付加される。このために、ブルネイ英語では未来を表すのに、条件法の意味合いが込められたwouldを使うようになる。"Students are invited to the ceremony which would be held in the Staff-Student Centre." 標準英語では、このwouldはwillになるところである。

また、標準英語では過去完了はある過去の出来事の以前に生じた出来事に言及するときに使用されるが、ブルネイ英語では

この過去を起点とした時間関係にとらわれることなく、出来事が過去に完了していることを強調して表す。

Keep record of all your complaints: letters or phone calls. Take note of the person you spoke to and what had been done about your complaints.

あなたが申し出たクレームの記録をとっておきなさい。手紙や電話です。あなたが話した相手や、あなたのクレームに対する処置についてノートをとっておきなさい。

これもマレー英語の影響と考えられる。これに関連して、過去完了は場面設定の機能もはたす。"Several crocodiles had been sighted recently in the park. Visitors are advised not to go into the...."ブルネイではブルネイ人同士が英語を使うので、マレー文化の転移は彼らの英語コミュニケーションをスムーズにするための潤滑油となっている。

● ブルネイらしい英語

議論の展開などについても、ブルネイ人らしさがある。新聞の投書欄で官公庁や企業に不満を訴える場合にも、いきなり本題に入るのではなく、まず相手のこれまでの政策や対応をほめたり、問題の一般的背景を述べたりして、穏やかなアプローチをとる。これはマレー文化の礼儀にかなっている。

Brunei is one of the countries that still uphold its green trees through conservation and ecotourism. It is a pride for us to be able to maintain such environment despite our rapid development. / However, it is sad and frightening to see old trees standing 'loose' along the roads, as can be seen along the Muara-Tutong highway.... (Othman and McLellan, 2000)

ブルネイは環境保全とエコツアリズムによって、緑の木々を維持している国々のひとつである。急速な発展にもかかわらず、このようは環境を維持できるのは、われわれの誇りである。しかし、古い木々が道路の側面に何の手入れもされずにあるのは悲しいことであり、驚きである。これはムアラー・ツトンハイウェイで見られる。

このように、ブルネイ人は独自の文化のなかで英語を獲得し、英語の中に独自の文化を組み込んでいる。彼等はブルネイ英語を話すことによって、自分は英語をいくら上手にあやつるようになっても、依然としてブルネイ人であることを示そうとしているのである。

Svalberg (1998) は、この現象を次のようにとらえている。

... a community of non-native users of English are making the language their own by making it fit their expressive needs. This would seem to be not only an acceptable but indeed a necessary development for any country that wishes to become truly bilingual.

英語の非母語話者の集団は英語を自分の言語とし、自分の表現ニーズに合致したものにしようとしている。これは真にバイリンガルになろうとする国にとって、受容されるべき営みであるばかりか、必要な展開なのである。

インドネシアの英語

●英語は第1外国語

　インドネシアも多民族、多文化、多言語社会である。いろいろな地域で、いろいろな民族によって500種もの違ったことばが話されている。これでは国内コミュニケーションが円滑にいかないというので、インドネシア語という国語が発展している。だから、ほとんどの人はインドネシア語と地域、あるいは民族のことばの両方を話すバイリンガルなのである。

　外国語としては、英語、フランス語、ドイツ語、アラビア語、日本語、ロシア語、中国語などが学校で教えられている。アジアの多くの国々と同じように、英語は特に重要視され、第1外国語に指定されている。中学校・高等学校の6年間は、週4時間勉強することになっている。大学では、1年間週2時間ほどの授業がある。

　1950年代の初期には、英語は第2言語と考えられたこともあった。独立（1949年）以前に、オランダの植民地管理当局はインドネシアの学校で、オランダ語を教育言語としながらも、英語の国際性を認識して、英語を教えていた。だから、オランダ人が去っても新指導者は英語の重要性を知っていたのである。

　また、インドネシアの周辺に、マレーシア、シンガポール、フィリピン、パプアニューギニア、オーストラリア、そしてニュージーランドと、英語を主要言語とする国々があったことも大きく影響していたであろう。そして、独立後、アメリカは地政学的関心から、同国に膨大な人的、物的援助を提供したことも関係がある。

ただし、「英語を第2言語に」という考えは、長続きはしなかった。多くのインドネシア人にとって、インドネシア語そのものが、第2言語であった。現在、インドネシア語は国語としてかなり普及してきたが、英語はもはや第2言語というよりも、外国語、あるいは国際言語と認識されている。

　1994年からは、小学校4年より英語教育が行われている。もっとも、これは選択科目で、かつ各自治体のニーズによって採択されることになっている。しかし、特に都市部では、英語は就職に関係があるとされ、多くの小学校で英語が開講されている。父母、また生徒自身も英会話の上達を希望している。

●インドネシア語整備の源泉として

　インドネシアは従来、英語学習を通じて先進工業国の科学技術を取り入れようとしてきた。その第一歩は、英語の文献を読むことであろう。インドネシアでは、英語は最も重要な図書館言語（chief library language）とも呼ばれている。そのために、英語の授業では主として読解のトレーニングが強調されてきた。大学では、英語の教科書がかなり使われている。

　また、インドネシア語には近代的な文化様式、社会制度、科学技術を表現する語彙が不足しており、その拡充が求められてきた。政府はこれを英語の借用によって、達成しようとした。たとえば、インドネシア語では、「都市化」は英語のurbanizationを借用して、urban-isasiとなる（英語の-izationはインドネシア語の-isasiに変わる）。

　同様に、「一般化」はgeneralizationを利用して、generalisasiとなり、modernisasi (modernization)、liberalisasi (liberalization)、demokratisasi (democratization)、nasionalisasi (nationalization)などとなる。おもしろいのに、Jepanisasi［ジュパニサシ］(Japanization)やde-Suharto-isasi「脱スハルト化」という使い方もある。

英語の-ationは-asiに変わる。最近はやりのreformasi（改革）はreformationからきている。その他、akomodasi［アコモダシ］(accommodation)、komunikasi［コムニカシ］(communication)、generasi［ゲネラシ］(generation)、publikasi［パブリカシ］(publication)、variasi［ファリァシ］(variation)など、たくさんある。

また、これらをmeng-と-kanで挟んで動詞にするのもある。accommodateはmeng-akomodasi-kan［ムンアコモダシカン］、identifyはmeng-identifikasi-kanとなる。siko = situasi dan kondisi（"situation and condition"）という、ずいぶん進んだ造語もある。このようなインドネシア語の拡張整備は、国立言語開発センター（National Center for Language Development of Indonesia）によって進められた。

なお、インドネシア語とマレーシア語は同根なので、このような造語は両言語で使われる。また、その国の事情をあらわすものは、そのまま世界のメディアに載ることもある。以下は、1998年11月にマレーシアで開催されたAPEC（Asia Pacific Economic Cooperation Conference、アジア太平洋経済協力会議）で当時のアル・ゴア米副大統領が発言したものである。

We hear calls for democracy, for reform, in many languages.... People Power, doi moi, reformasi. We hear them right here, right now, among brave people of Malaysia.
(*Asiaweek*, December 4, 1998)

われわれは民主主義、改革を求める声をいろいろな言語で聞く。ピープル・パワー、ドイモイ、レフォルマシ。われわれはその声を、いままさにここで、マレーシアの勇気ある人々のなかで聞く。

● **受動態の難しさ**

このように、インドネシアの英語教育は国語の諸条件の整備という作業のなかに組み込まれた時期があった。しかし、1994年からは、世界の趨勢を反映してのことか、コミュニカティブ・アプローチが主流を占めている。生徒も英語が話せるようになりたいと希望している。私はたくさんの政府の若い役人と話をしたが、英語のできる人が多いという印象を強くもった。

以前、シンガポールの国際会議で、インドネシアからきた英語教育の専門家に会ったことがある。彼は非常に滑らかにアメリカふうの英語を話した。アメリカのどこで勉強しましたかと尋ねたところ、英語母語国には一度も行ったことがなく、外国は今回のシンガポールが初めてですと言われて、びっくりした。

彼の発表論文は内容といい、英語といい、たいへんよくできていたが、込み入った受け身構文が苦手なのか、次のような箇所があった。

... the foreign language group is an element of the Indonesian multilingual system, which *may be taken* some important roles in Indonesian development....

いろいろな外国語はインドネシアの多言語社会のなかで大切な要素を担っており、インドネシアの発展に重要な役割を果たすと考えられる。

このなかで、イタリック体にしたところは、which *are supposed to take* some important ro1esといった意味である。インドネシア人のこのような言い方は、日本人もよくやる。アジア人は英語を勉強する際に、共通の難所を感じるのであろう。だから、多少のミステークがあっても、意味は十分に通じる。これは利点としたいものである。

● Where are you going?

インドネシアの英語の先生と話していると、こんなことがよく話題になる。——「インドネシア人は出会いのあいさつで、"Where are you going?" とよく言う。また、ちょっとした知り合いに、"How many children do you have?" などと聞くが、これはイギリスやアメリカではたいへん恥ずかしいことだ。なぜならば、英米人はこういう個人的な質問を無礼と取り、そのような質問をする人を粗野な人と解釈するからだ」

このような言い方は日本人もする。いや、アジアのほとんどの人々がする。ただし、私たちは礼儀知らずで、こういうことを言うのではない。もちろん、相手のプライバシーを侵害しようなどとも思っていない。私たちはむしろ、相手の様子を伺い、相手に気配りしている気持ちを示そうとするのである。

しかも、こういうことを母語で言うと自然で、英語で言うとおかしいというのは腑に落ちない。私たちが適切と思うことは母語で言おうが、英語で言おうが適切であるはずである。まして、英米人の真似をして、こういう言い方をする人を嘲笑するのは、とんでもないことである。

私たちは英語を国際言語として使う際に、このことをよく考える必要がある。英語を話すとき、英米文化の規範に同調する

必要はない。アジア人ならアジア人としての独特の規範があっても、ちっともおかしくない。私たちは空港で人を待っているとき、"Who are you waiting for?" と聞かれても、別に嫌な気がしない。

もちろん、英米人と交際する人は彼らの価値観を知り、それに合わせようとすることがあってもよいだろう。同時に、英米人がこちらの方法を知ることも、大切である。相互理解とはそういうことなのである。英語を話すときは、何から何まで英米式に、という考え方は、もはや通用させてはならない。

●英語は自分のこと、自分の国のことを言うことば

アジアの多くの国々では、英語は自分や自国のことを言うことばとして認識されている。インドネシアの小学校6年の英語教科書（*Start with English 6*）には、Who is the President of Indonesia? The President of Indonesia is Mr.／Mrs. ... という練習がある。これに続いて、the Vice President（副大統領）、Minister of Education and Culture（教育文化大臣）などなどの国レベルの官職をこなす。

さらに、the Village Chief（村長）、Subdistrict Head（小管区長）、Mayer（市長）、Governor（知事）などと地方自治体にもおよぶ。日本では大学生でも、首相（Prime Minister）、文部科学大臣（Minister of Education, Sports, Culture, Science, and Technology）、内閣官房長官（Chief Cabinet Secretary）などを英語で言える人は少ない。訓練されていないからである。日本では、もっと自分のこと、自国のことを英語で言う練習が必要である。

自国の昔話を英語で読んだり、言えるようにするのもだいじ

なことである。この教科書には、こんな話が載っている。

　Once upon a time there was a woman (Dayang Sumbi) who lost her thread. A dog found it and gave it to her. According to her promise, the dog became her husband.／The dog was really a man. One day Dayang Sumbi had a child. His name was Sangkuriang.／Dayang Sumbi wanted to eat the heart of a deer. So Sangkuriang and the dog looked for a deer in the forest. Because it was difficult, Sangkuriang killed his dog and took the heart to his mother.／He told his mother that he had killed the dog. Dayang Sumbi hit him and his head was injured. Sangkuriang ran away and lived as a monk (pertapa)....

昔々、あるところにスンビという女がいました。女は縫い糸をなくしてしまいましたが、ある犬がそれを見つけ、女に渡しました。女の約束で、犬は彼女の夫になりました。犬は実は男だったのです。ある日、スンビは男の子をもうけました。その子の名前はサンクリアンでした。スンビは鹿の心臓が食べたいと言いました。そこで、サンクリアンと犬は森に鹿を探しに行きました。鹿はなかなか見つからないので、サンクリアンは犬を殺して、その心臓をもって帰りました。息子は母に犬を殺したと言いました。すると、スンビは息子を強く打ち、サンクリアンは頭に大怪我をしました。サンクリアンは逃げ出し、僧侶として一生をすごしました。

　また、インドネシアの中学校１年の英語教科書（*English for Communication 1*）では、ペンフレンドを話題にするときに、アジアの人々を先に出し、あとでイギリス人を出している。英

語はまずはアジアの人々と使うという発想を伝えている。

Hi! My name is Thi Da. I come from Myanmar. The old name of Myanmar was Burma. I have long wavy hair. My favourite sports are badminton and netball. I have no favourite singers. My best school subjects are English and Science.

こんにちは！　私の名前はティ・ダです。ミャンマー出身です。ミャンマーの昔の名前はビルマでした。私は髪が長くウェーブがかかっています。好きなスポーツはバドミントンとネットボールです。好きな歌手はいません。得意の学科は英語と理科です。

フィリピンの英語

●フィリピン人の英語観

　私は60年代の前半に学生時代をすごした。当時は、アジア国際学生会議といったものがけっこう盛んだった。日本や香港で毎年のように大会があり、「アジアの将来」とか「協調と競争」といったテーマで、熱っぽく討論したものである。もちろん、英語が共通語だった。

　当時、一緒に討論したフィリピンの友人たちはみな英語が達者で、びっくりしたことを覚えている。彼らは実に格調の高い英語を話した。夜道を散歩していると、だれかがワーズワースやシェリーの詩を口ずさむ。すると、いつのまにか、全員でそれを朗誦している、といったことがよくあった。

　彼らはだれひとりとして英文科の学生ではなかった。リカルドはエンジニアリング専攻だったし、マリアは看護学を学んでいた。同時に、彼らはこよなく詩を愛するロマンチストでもあった。私は英文科の学生だったが、彼らの暗誦についていけず、苦い思いをしたことを覚えている。

　フィリピンではタガログ語をベースとしたピリピノ語（現在はフィリピノ語と呼ぶ）が国語として確立するにつれ、英語の役割が減少したように見えた時期があった。しかし、ここにきて英語の力は再び盛り返している。それは主として社会的、経済的理由によるものである。そして、フィリピン人はアジアとアメリカの両方を意識して英語を見ているようである。

　フィリピン人には、英語はアジアの言語であるという意識が強くあるように思われる。たしかに、英語はアジアの経済言語

であり、英語が話せることは貿易や労働において有利となる。また、フィリピンでは英語は国内言語ともなっており、行政、教育、文化の媒体として、独特のフィリピン・イングリシュを創出してきた。

同時に、フィリピンではアメリカへの移民も続行しており、ほとんどのフィリピン人はアメリカに親戚をもっているといわれ、英語は両グループをつなぐ友好言語にもなっている。このことは、フィリピン・イングリッシュのさまざまな面にあらわれている。colgate（歯磨き）、pampers（おむつ）のように、アメリカ製品の固有名詞を普通名詞にするのもその一例といえよう。

● 発音・語彙の特徴

もちろん、フィリピン人の英語はアメリカ人やイギリス人の英語とは違う。たしかに、タガログ語仕立ての確固たるフィリピン英語というのがある。私の友人の英詩の朗唱でも、[r] はタガログ語のような弾音となっていた。しかし、それは明朗な響きを奏で、とても情熱的に聞こえた。

フィリピン英語の発音では、たとえば、[a] にいろいろな区別がなく、rat や ham は father の [a] と同じになる。[z] は [s] となり、[th] は [t] か [d] となる。フィリピンには D'Best Tailor とか D'Safe Restaurant という名前の店があるが、"D" は "The" のなまりなのである。マニラでは番人のことを、ふざけて DJ と言う。これは、"D'Janitor" からきている。promdi（田舎者）は from the province からきている。

それから、フィリピン人は [f] が苦手のようで、よく [p] にしてしまう。philosophy のことをピロソピーと言う人によく

出会う。[p]と[f]を混同することもある。一度、"What fart of Japan are you prom?"と尋ねられたことがあった。そのときは、"What part of Japan are you from?"のことだとすぐわかったので、少しも気にならなかったが、後でふと思い出して、吹き出してしまった。fartは「おなら」の意味になるからである。

　このような混同は、江戸っ子が過剰矯正の結果、「おシルにおヒルコを食べた」などと言うのと同じだろう。私たちは意味を文脈のなかで理解しようとする。だから、この場合には、fartと言っても、partと解釈されるのが普通である。発音や単語はひとつひとつ独立して解釈されるのではなく、発話全体のなかで関連づけられるのである。

　フィリピン英語の興味深い点は語彙にある。American timeは「時間厳守」のことで、Filipino time（時間にルーズ）と対照させている。dirty kitchenは普段の食事に使う台所のことで、main kitchenは特別の日々のためにきれいにしておく。bed spacerとは下宿や寮のルームメイトのことである。

　また、フィリピン英語ではpass the houseは「その家を素通りする」ではなく、「その家に寄っていく」の意味になる。「バスを降りる」はget off the busではなく、go down from the busとなる。based onはbased fromになったり、result inはresult toになったりもする。日本語の言い方にも似ている。

　フィリピン英語の語法は実に多様である。一方にはsolon（選挙で選ばれた政治家）、viand(s)（ご飯のおかず）などのコロニアルラグがあるかと思うと、他方にはkotex（生理用ナプキン）、kodak（カメラ）、fridgidaire（冷蔵庫）のように、アメリカ製品の固有名詞を普通名詞にすることもある。

スペイン語の影響も随所に見られる。compromise（社会的義務）やdiversion（娯楽）はスペイン語の意味からきている。career（学科）やgreen joke（卑わいなジョーク）というのも、スペイン語が起源である。verde＝greenはobsceneの意味をもっているのである。慣れないと、外国人は混乱してしまう。

　もちろん、タガログ語の影響もある。電気製品のスイッチオン・スイッチオフのことをopen／close the light（radio）とするのは、その典型的な一例である。これはマレー語でも同じで、シンガポールやマレーシアでもこのような言い方をすることは前述したとおりである。

　また、タガログ語では、go／comeやtake／bringの区別をしないので、"Go here."／"Stay there."とか"Bring there."／"Take here."という言い方もよくみられる。"I am ashamed to you."は「ご迷惑をおかけして申しわけありません」といった意味で、タガログ語の翻訳といってもよい。

●造語の方法

　フィリピン英語にはいろいろな造語パターンが見られる。それを簡単にまとめると、次のような傾向が浮かんでくる。

◎類推による
　awardee：奨学金などを授与された人
　honoree：名誉を授与された人
　mentee：生徒
　Octoberian：十月に卒業する人
　reelectionist：再選を果たした人
　rallyist：労働者の集会を組織する人

holdupper：強盗

　　studentry：学生層

　　carless：車のない

　　presidentiable：有望な大統領侯補

◎省略による

　　ballpen（＜ballpoint pen）

　　aircon（＜air conditioner）

　　kinder（＜kindergarten）

　　promo（＜promotion）

　　sem（＜seminar）

　　supermart（＜supermarket）

◎合成による

　　Imeldific（＜Imelda＋terrific）元マルコス大統領夫人イメルダのように悪趣味でけばけばしい

　　Taglish（＜Tagalog＋English）タガログ語が混じった英語

　　Engalog（＜English＋Tagalog）英語が混じったタガログ語

　　trapo（＜traditional politician）伝統的な政治家

　　infanticipating（＜infant＋anticipating）妊娠中

◎接続語を使う

　　おもしろい接続語に-mateと-boyのふたつがある。

　　batchmate：グループ仲間

　　dormmate：寮仲間

　　officemate：会社仲間

　　provincemate：同郷の友

　　seatmate：飛行機で同席する人

　　boardmate：下宿仲間

　　gasoline boy：給油所のボーイ

house boy：家の管理をする人
　room boy：部屋の掃除係
　watch-your-car boy：車の見張り番
◎動詞の語尾を使う
　concretize：具体例を示す
　conscientize：社会状況を意識させる
　fiscalize：権力濫用を監視する。fiscalはスペインなどの検察官
　manualize：マニュアルを作成する

●英語のジョーク

　フィリピンでは英語のジョークがけっこう受ける。英語が広く浸透している証拠である。元大統領のジョセフ・エストラーダは英語が苦手だということで、いつもからかわれていた。彼を話題にしたジョークを3つあげよう。Erapというのは大統領のニックネームである (Jurado and German, 1994)。

In grade school, asked to define bacteria, Erap answers: "It's a backdoor of the cafeteria."
エラップは小学校時代にバクテリアの意味を問われて、「キャファテリアの裏口」と答えていた。

According to Erap, a pronoun is a noun that's no longer an amateur.
エラップの話では、代名詞というのはアマチュアでなくなった名詞のことだそうな。

Erap to a long-distance telephone operator: "Could you please tell me the time difference between Manila and San Francisco?" ／Operator:"Just a minute." ／Erap:"Thank you,"and puts down the phone.

エラップ、長距離電話交換手に「マニラとサンフランシスコの時差はどのくらいですか」／交換手「ちょっと（お待ちください）」／エラップ「ありがとう」と言って、電話を切る。

●表現の特徴

　フィリピン人の人間関係では、謙譲と尊敬の美徳が守られている。自分を抑えて、相手に最大の光があたるようにする。何人も、他人の自尊心を傷つけてはならないのである。話をするときには、高飛車な態度は禁物である。たとえば、知らない人に道を聞くときには、"Excuse me, may I ask you a question?"と始めるのがよいとされている。

　フィリピン文化はハイコンテキストであるといわれる。だから、フィリピン人はことばよりも、沈黙や間合いから意味を解釈しようとする。また、彼らは人の話をよく聞く。聞きながら、人柄を探ろうとする。そして、相手と同一化することによって（"He is like a second father." ／ "We are like brothers."）、相手のことばの意味を正確に理解しようとする。

　また、フィリピン人は間接的な表現を好む。ジープニー（ジープを改造した乗り合いバス）の運転手は乗客が運賃を払わなかったりすると、窓に "God knows Hudas Not Pay."（神は無賃乗車を許さない）という張り紙をする。Hudas Notとは who does notの意味である。要するに、乗客の察しに期待するのである。

フィリピン人は英語にタガログ語を混ぜて使うことがよくある。タガログ語はフィリピンの国語であるフィリピノ語の母体となった現地の有力言語である。彼らは英語とタガログ語の混じったことばをTaglish、あるいはEngalogと呼んでいる。英語のなかにタガログ語を入れると、"familiarity"（親近感）と"solidarity"（連帯感）が表現できるという。

　フィリピン人がたくさんいる席では、彼らの英語はどうしてもTaglishになってしまう。私たちが突然彼らの英語がわからなくなるのはこのためである。こういうときには、あわてず、"International English, please."と言えばよい。あまりいきりたって言うと、"Relax ka lang."（落ち着けよ）という返事がくることもある。

●英語の「植民地化」

　ある小説でフィリピンの日本大使館の職員はこんなことを言っていた。「僕の年でこんなところに3年なんて、10年と同じです。何のためにカナダにまで留学して英語に磨きをかけたんだか。毎日毎日、訛りの強い英語を聞かされて、こっちまで巻き舌になりそうですよ……」

　たしかに、日本人にはフィリピン人の巻き舌が、乱暴に聞こえるのかもしれない。しかし、フィリピン人は礼節を重んじ、それを英語のなかに反映している。フィリピン英語の表現をよく見ると、実に繊細な思いやりが込められていることがわかる。フィリピン人は英語を自由に使いこなしているのである。フィリピン人にとって、英語は西欧の文化を伝達する導管ではなく、自国の文化を表現する媒体なのである。詩人のヘミノ・アバド（Gemino Abad）はこのことについて、次のように表現している。

"The English language is now ours. We have colonized it, too." (*Newsweek*, October 28, 1996)(英語はいまや私たちのことばである。私たちはそれを土地のものにしたともいえるだろう)

日本人はこういった心意気を学ぶべきではなかろうか。

香港の英語

●以前は英語が唯一の公用語

　香港は、食道楽、ショッピングの街として、以前から日本人に親しまれてきた。香港には香港島（Hong Kong Island）、九龍（Kowloon）、新界（New Territories）といった地区がある。いずれも、英国がアヘン戦争をきっかけに、19世紀の半ばから終わりにかけて、中国から割譲したり、租借したものであったが、1997年にすべて中国に返還された。

　英国の支配下にあった香港では、英語は1974年までは唯一の公用語として、行政や教育の分野で重要な役割を果たしてきた。また、香港は自由貿易港であったから、商業の手段として、英語の必要性はことのほか強調されていた。事実、中学校、高校、大学では、英語による教育が盛んで、英語の運用能力はこの社会で成功するための大切な条件と見なされていた。

　しかし、香港に住む人々の98％は中国人で、彼らの大多数はお互いに広東語を話していた。広東語だけでほとんどすべての生活ができたので、日常生活で英語を使う必要は特になかった。また、1975年になると、北京語も第2公用語と制定され、香港の中国化が見え始めた。

　香港大学は英語を教育言語としていたが、教室の外では、先生も学生もお互いに広東語を使っていた。英語は教科書だけのことだったという人もいる。いまではますますそういう傾向にあるように見受けられる。このあたりが、シンガポールとは、だいぶ違う。同じように英語で授業が行われるシンガポール国立大学では、教室の外でも、先生や学生はけっこう英語で話を

している。

　これは食堂などでも同じで、シンガポールではたいがいのコーヒーショップ（軽食を出す店）で英語が通じるが、香港では土地の人でごったがえす飲茶のおいしい店などでは英語がなかなか通じず、英語のメニューのないところもある。香港で英語で道を尋ねたところ、何人かがダメで、大学生らしい人にやっと通じたということもある。

　このように香港では、英語が強調されていたわりには、それほど人々の日常生活に浸透しておらず、英語は外国語という認識が強かったようである。返還以前に、"Is it a status symbol to be able to communicate in English?"（英語が話せることはステータスシンボルですか）と大学生に聞くと、"No. The meaning of speaking English is just to communicate with people from other countries."（いいえ、単に外国人との意思疎通のためのものです）といった答えが返ってきた。

　そんなわけで、香港では香港人が使う独特の英語表現や構文などはあまり発達しなかったようである。むしろ、一般の人々はそれほど英語が得意ではないので、大学生も、"I no spea(k) Engrish good, because I am lea(r)n do science subjec(ts)."（私は英語が下手です。科学専攻だから）などと言っていた。

●発音のクセ

　それでも、155年間も英語が優先されてきたわけだから、何らかの特徴が形成されていないわけではない。ここでは、発音のクセをまとめておく。
◎母音について：二重母音は単母音になりやすい
　例：takeは [tek]、jokeは [jok]

また、長母音は短母音になりやすい。

例：sharkは [shak]

◎子音について：語尾の子音は発音されない

例：one thousan(d) dollar(s) a mon(th)
　　I canno(t) affor(d); ol(d) priva(te) apar(t)men(ts)

またthは [t] か [d] の音となりやすい。

例：I t(h)ink so, too
　　de (= the) people in Hong Kong

語頭の [r] や、[t] のあとの [r] は、[w] にもなる。

例：railwayは [welwe]、trainは [twen]

◎強弱について：

アクセントは平板。

例：Néw Tér-rí-tó-ríes

また、語頭に来るものが最後に来たりする。

例：u-sual-lý

●香港新英語事情

香港は1997年7月1日に、その全土がイギリスから中国に返還された。ただし、返還後50年間は香港特別行政区（Hong Kong Special Administrative Region）となり、香港人による自治が行われることになっている。そこでは、単独で各国と経済・文化関係を維持することができるわけである。そして、中国は香港から徴税せず、防衛と外交に責任をもつとされている。

返還後の政策を取り決めた基本法（Basic Law）のなかで、英語について次のように規定している。

In addition to the Chinese language, the English language

may also be used by the executive authorities, legislature and judicial organs of the Hong Kong Special Administrative Region.

香港特別行政区では、行政当局、立法、司法機関において、中国語に加え英語も使われ得るものとする。

　ここには、英語についての政策が具体的に記されていない。しかし、中国政府は英語を経済発展のための言語（English as a language for economic development）と認識しており、本土でも英語学習をたいへん奨励している。香港は返還後も国際貿易都市として、重要な役割を果たすだろう。この意味で、英語は以前と同じくらいに重要な役割を担うものと考えられる。

　香港では小中学校が義務教育とされ、返還前は小学校ではだいたい広東語で授業をし、北京語と英語は必修科目であった。中学校では英語と広東語のどちらかが学校言語となっており、各校はどちらかを、あるいは両方を選択することができた。そして、1970年代までは、ほとんどの中学校で英語を教育言語として使っていた。

　しかし、返還後は中学校でも広東語で授業することになった。もちろん、これにはいままで英語校であった中学校の教師、父母、生徒から強い反対の声があがった。政府は1998年の秋に入学する生徒に対して一律にこの母語教育を実施する構えでいたが、妥協を余儀なくされた。

　政府は、以前に英語教育をしていた約200校のうち、100校を選抜して、英語教育の継続を認めたのである。しかし、落選の憂き目にあったうちの20校がこの判定を不服として、上訴した。政府はこれに呼応して14校を救済したが、残る6校に

対しては母語教育に変更するよう言いわたした。もちろん、これらの6校は不満たらたらといわれている。

　返還以前から英語教育を受けている生徒は、卒業するまで、英語で授業を受ける権利を保障されている。しかし、98年以降は英語教育が許される学校と、そうでない学校が生じており、これがエリート校と2流校のレッテルにつながるという指摘もある。高級官僚の子弟は英語教育を受けているという噂もあり、英語をめぐって新たな問題が発生している。

　この問題は、生徒の英語学習の機会や権利を一方的に定めることの危険性を示していると思われる。現代社会において、英語は広範囲に使われている。人々は独自のニーズに合わせて、英語を自由に学習できる環境を求めている。英語学習の目的や目標は各自で違っていても一向にかまわないが、大事なことはだれもが学習の機会を与えられるということではなかろうか。

中国の英語

●国際交流の言語

 ある中国語の先生がこんな話をしてくれた。この先生が日本の中国語教師の研修グループに参加して、中国に行ったときのことである。研修のひとつに、各地の大学を訪れ、学生と中国語を使って交流するというプログラムがあった。ところが、行く先々で、学生は英語で話しかけてきて、中国語の先生方はたいへん困惑したという。

 このエピソードは中国学生の英語熱を物語るものだろう。この話を中国の言語学者にしたところ、よくあることだと言っていたが、中国では英語が最も人気のある外国語になっている。そのあおりで日本語の学習者人口が減少するのではないかと、日本語関係者が心配しているくらいである。

 前述のとおり中国では、英語は近代化と経済発展のための言語（language for modernization and economic development）と考えられている。また、国際交流のための言語（language for international exchange）という解釈もみられる。1985年に提案された教育改革では、次のように謳われている。

We should increase our exchange with foreign countries through all possible channels and build our education on the basis of the achievements of contemporary world civilization.

われわれは外国との交流を拡大し、現在の世界文明の成果を踏まえた教育政策を築くべきである。

このために政府は英語教育を強調し、多大のエネルギーを注いでいる。英語の学習者は何と3億人にもおよぶといわれており、都市部の主要な小学校では、小学校1年から英語教育が始まる。その後、中学校、高等学校、大学と続き、テレビやラジオを通じた成人教育も行われている。英語の先生もたいへんな数になる。

●中国人の苦手なイディオム

ただし、英語の先生がすべて英語教育の専門家というわけではない。多くの先生は、少し英語ができるというだけで採用されることもある。授業のやり方も、日本と同じように、「文法・訳読」方式が普通のようである。先生はテキストの英文を文法的に説明し、一字一字中国語に訳す。生徒はそれを聞き、最後にテキストを暗記するというやり方である。

中国は、政治的な理由で、半世紀近くも英米文化との接触を断ってきたので、先生も生徒も英語のイディオムの理解に苦しむようである。理解しにくいイディオムのなかには、英米人と中国人の文化(生活様式)の違いからくるものがある。次に、いくつかその種の例をあげよう。日本人が同情したくなるようなものも、ずいぶんある。

> at arm's length：ある距離をおいて(at a distance)とかよそよそしくして(not on familiar or friendly terms)の意
> 例：He's the kind of person you want to keep at arm's length.(彼は近寄りたくない人だ)

しかし、中国人はこれを「近寄った」という意味で解釈しがちである。というのも、彼らは「腕の長さ」と聞くと、「短

い距離」を連想するからである。

trouble-shooter：問題を取り除く人の意味

　しかし、中国人は逆に「問題を引き起こす人」と解釈しがちである。理由はshootを「発する」という意味に取るからである。

sleep late：遅くまで寝る（be in bed a long time）ということから、寝坊する（get up late）の意味

　しかし、中国人は「遅く寝る」、すなわち「夜ふかしする」の意味にとる。中国人にはsleepとgo to bedの区別が難しいようである。

I don't care about going. これは「行きたくない」の意味

　care aboutの原義はfeel interested in（興味を覚える）である。しかし、中国人はcare aboutを「気にする」という意味で習うため、「行ってもよい」と解釈しがちである。その結果、否定形は「気にしない」となって、I don't care about going.を「行ってもよい」と解釈してしまう。

●姓名のローマ字表記

　中国人と交際すると、英語の場合も「姓名」の順序を変えず、常に伝統的な姓名を守っている人が多いことに気がつく。胡錦濤はChairman Hu Jintaoだし、温家宝首相はPremier Wen Jiabaoである。ところが、日本人は自分の姓名をローマ字で書くとき、普段の「姓名」の順序を変えて、「名姓」にしがちである。

　これは、多分、中学校の英語の授業で、英米式にするように教えられたからだろう。中国では上の例でもわかるように、英語の授業でも中国式の姓名を守っていることが多い。最近、日本でも従来のやり方に反省が見られる。アメリカ人の日本語教

育ではスミス・ジョンと教えないのに、なぜ日本の英語教育でアキ・タナカと教えるのか。

アメリカの新聞はジュンイチロー・コイズミと英語式に書くのに、なぜ日本の新聞はブッシュ・ジョージと日本式に書かないのか。気をつけてみると、アジアの英字週刊誌 *Asiaweek* は日本人の名前を一貫して姓名の順 (Takenaka Heizo) で書いている。同じ会社が出版する *Time* は Heizo Takenaka である。

日本人が姓名の順序を変えるしきたりをつくったのには、ふたつの理由が考えられる。まずは、欧米文化に対する順応意志があったこと。次に、英語を英米のことばと認識し、そのとおりに英語を使うことをよしとしたこと。しかし、現在、これらの理由は崩れつつある。

名前は個人のアイデンティティを示すものである。そして、文化の伝統を記すともいえる。紫式部が Shikibu Murasaki になったり、浦島太郎が Taro Urashima になったのでは感じがでない。また、英語は国際言語の役割を果たしているので、日本式の使い方も尊ばれるはずである。事実、最近の中学校の英語の教科書で、My name is Kato Ken. という例も登場している。

この問題は1997年に日本の国語審議会でも取り上げられた。「名姓」を了承する意見は次のとおりである。

① 現在大きな問題がないのに、いままでの習慣を変更すると無用の混乱が生じる。

② ローマ字表記は欧米圏の言語で使うためのものであり、その言語の習慣に合わせるのが当然である。

③ こうした習慣は、相手の立場を尊重し相手に合わせる日本人的おもいやりの発想にもとづくもので、伝統的な日本的行動様式として、これからも守っていくべきである。

「名姓」を見直すべしとする意見は次のとおりである。
① 名前は、その人の人格と深く結びついており、それをひっくり返すということは自らの文化的アイデンティティを否定することになる。日本人は国際社会のなかで自らの文化的アイデンティティをきちんと主張すべきである。
② 中国や韓国などは、姓を先にする自分たちの文化的習慣を国際社会のなかでもおおむね貫いているのだから、日本も無理に欧米圏に合わせる必要はない。
③ 欧米的な習慣をもたない国々との交流を考えていくならば、欧米圏偏重の習慣は考え直すべきである。

これは単純に見えるかもしれないが、なかなか重要な問題でもある。私たちはいろいろな人間関係で、いろいろな呼び名やニックネームをもっている。戸籍上の名前だけが個人のアイデンティティをあらわすわけではない。人間は多様な社会的存在であり、そのことはいろいろな呼び方で表示されるはずである。

日本人は英語では伝統的な「姓名」はだめ、英米ふうに「名姓」にすべしというのは、たしかにおかしな考えだろう。英語の国際性に反する。しかし、また、日本人は英語でも「名姓」をやめ、常に「姓名」を通すべしと決めつけるのも、少し変な気がする。個人が自由に決めてよい事柄ではなかろうか。

中国でもいまでは、英語で「姓名」を通す人もいるかと思うと、「名姓」に変える人もいる。また、若い英語の先生のなかには、BenjaminとかThomasと名乗る人もいる。中国人にも英米志向の一端はあるのだろう。過剰矯正にならないことを願うが、英語についていろいろな考えがあるのは、よしとしなければならない。

● China English

　最近、中国の専門家はChina Englishという言い方をよくする。これは中国人が独自の文化形態、行動様式、価値体系などを国際的な場面で表現するための英語という意味である。従来、Chinese Englishと呼ばれていたものはChinglishとも言われるように、くずれた英語という印象が強いので、新しい名称で表現しようという考えである。

　だから、China Englishは主として、中国に関する英語語句といったものを指す。たとえば、少し古くは、barefoot doctor（赤脚医生、裸足の医者）、cadre（幹部）、people's commune（人民公社）、great leap forward（大躍進）、paper tiger（紙老虎、張り子のトラ）、reeducation（再教育）、reform through physical labor（労働改造）、red guard（紅衛兵）、red rice（紅大米、貴重な米）、capitalist roader（資走派）などなどがその一部である。

　最近では、one country, two systems（一国両制）、to replace cadres with new cadres（更新幹部）、the higher authorities have policies and the localities have their countermeasures（上有政策、下有対策）、planned commodity economy（計画商品経済）、enterprise contracted production system（企業契約生産体制）、vegetable basket project（菜籃計画）、safety first and prevention first（安全第一、予防優先）、outstanding deeds and advanced persons（光栄的業績、高尚的品格）など。

　これらの多くは、外国のマスコミにも登場する。タイム誌（March 21, 2005）は香港の行政長官薫建華氏の後釜として呼び名の高い曽薩権氏について報じる記事で、iron rice bowl（鉄飯

碗、壊れないことから、絶対潰れない官公庁、親方日の丸のこと）をイタリック体や引用句をつけず、あたりまえのこととして、使用している。

> Unlike Tung, the Shanghai-born heir to a Hong Kong shipping empire, Tsang does not come from a privileged background. The eldest son of a policeman, Tsang joined the civil service... Hong Kong's iron rice bowl...soon after high school.

上海生まれで香港の海運帝国の後継者である董と違い、曽は名家の出身ではない。警察官の長男として生まれた同氏は、高校卒業とともにすぐに、親方日の丸の公務員の道を選んだ。

● face（面子）のいろいろな言い方

中国語から一般英語に入った面白い例として、face（面子）がある。これはlose face（面目を失う）とsave（＝gain）face（面目を保つ）の2つの言い方がある。『ロングマン現代総合英英辞典』(1992)は次のような例を挙げている。

> He was afraid of failure because he didn't want to lose face with his colleagues.

同僚に顔が潰すことになるので、失敗を恐れた。

> England saved (their) face by getting a goal in the last minute to draw the match.

イングランドは最後の1分でゴールを決め、引き分けに持ち込み、やっとのことで面目を保った。

中国では、face（面子）はrespect（敬意）、prestige（名声）、pride（誇り）、honor（名誉）を表わす重要な概念である。このためか、中国人の英語には、以上の2つどころではなく、faceを含む語句（face collocation）が驚くほどたくさんある。これは一種のイディオムと考えてもよい。faceの概念はアジア諸国に共通しているので、日本人も以下のような表現には共感を覚えであろう。たしかに、「彼の顔を立てる」はgive him face（給他面子）でよいのだから、使いやすい。こういう言い方をすると、アジア人として英語を使っていることが実感できる。

practice of face：面子の実践

face negotiation：面子の立て合い

maintain (strive for) some amount of face：少しでも面子を保つ、そのように努力する

hold up the Chinese face to the world：中国人の面子を世界に示す

she hasn't showed us the least amount of face：われわれの顔を立てようとしない

you shouldn't have given her so much face：そんなに彼女の顔を立てる必要はなかった

you are simply losing my face：お前のおかげで、私の面目は丸潰れだ

a Chinese way of giving face to somebody：中国式顔の立て方

have no face (left)：面目丸潰れ、会わせる顔がない、穴があったら入りたい

love (desire) for face：面子を守ろうとする気持ち

give (grant) me some face：少しは私の顔を立ててくれてもいいだろう

reject (refuse) face：顔を立てようとしない

rather die to save face：面目を保つために死をも恐れない

take my face into consideration：私の顔を立ててください

your face is bigger than mine：あなたの面子のほうが私の面子よりも大事

there is no faceless communication：面子の関係しないコミュニケーションはない

hierarchical face：序列のある面子

group face：集団としての面子

care for the other's face：他人の面子を考える

などなどである。

● Have you eaten? を考える

　中国の英語教師は、中国人が"Have you eaten?"とあいさつに言ったりすることに、非常に引け目を感じるようである。そして、これを Chinese English、あるいは Chinglish の典型と言う。中国語でのそういうあいさつ*4 が、そのまま英語になっているわけである。たしかに、この意味を知らない人なら、ランチの誘いと解釈するかもしれない。

　オーストラリアでのエピソードである。ある中国人が会社の廊下で出会ったオーストラリア人の同僚に、あいさつのつもりで、"Hello. Have you eaten yet?"と言ったところ、同僚はカンカンになって怒ってしまった（"Course not! I've been very

---

*4 中国語では、英語でいう How are you? と同じ意味で「吃飯了嗎?」と言うことがある。

busy all morning. Actually I only came out to get a drink of water.")。この同僚はこの表現を文字どおりに理解し、さらにランチブレークの10分前に廊下に出てきたのでズルをしていると思われたと解釈したようである。

他方、オーストラリアでは売店で、店員がお客に "Are you all right?" と呼びかける。外国人はこのことばを聞くとたいがいの場合、健康状態とか身の上のことを聞かれたと思い、びっくりする。なぜ、お店でこんなことを聞くのだろうか、自分の顔色が悪いのか、ドレスコードに違反しているのかなどと考えてしまう。ところが、これは "May I help you?" の意味なのである。

ここに重要な問題が生じる。ネイティブ・スピーカーは英語をどんなふうに使ってもかまわないが、ノンネイティブ・スピーカーにはその自由がなく、いつもネイティブ・スピーカーの規範に順応しなければならないのか。非母語話者は常に母語話者の言うことを理解し、母語話者にわかるように話すことを求められるが、母語話者は非母語語者の言うことを相手の文化的状況のなかで理解しようとする義務はないのか。

そんなことは無いだろう。英語を国際共通言語と考えるならば、ネイティブ・スピーカーもノンネイティブ・スピーカーも共に相互理解の努力をすべきなのである。私たちも中国人と交流するならば、中国人はこういう言い方をするという知識が必要になる。これはどの民族グループについても同じである。いろいろな国の人々が英語を話すのだから、いろいろな言い方があって当然である。

同時に、自分たちのこういう言い方は外国人になかなか通じないので、こういうふうに直した方がよいということもある。

日本人が外国人を食事に招待して、「何もありませんが」のつもりで、"There is nothing, though." と言えば、相手は面食らう。これを "There is nothing special, though." とすれば、十分に意味が伝わる。実際、日本語の「何もありませんが」は、こういう意味なのである。

　いずれにしても、英語の国際化と多様化に伴い、私たちはいままでと違った英語観を育成しなければならない。私たちは英語のさまざまなパターンに寛容な態度で接することが求められる。また、ときにより自分の言い方をよく吟味して、相手にわかりやすいように修正しなければならなくなる。これらはノンネイティブ・スピーカーだけでなく、ネイティブ・スピーカーにも求められる事柄なのである。

台湾の英語

●英語には英語で

　台湾では、台湾語（福建語）、北京語、日本語、英語などといろいろなことばを耳にする。英語はけっこう通じる。商店やレストラン、あるいはタクシー、バス、鉄道などで、関係者に英語で話しかけると、一生懸命に努力して英語で答えてくれる。大人は子どもの英語教育に深い関心をもっている。

　以前に台湾を訪問したときに、同行の人が女子学生らしき人に台湾語で道を聞いたところ、その台湾語がもたもたしていたのか、この女子学生は "You speak English? Speak English with me." と言って、すべてを英語で説明してくれた。それは実に明瞭な英語で、強く印象づけられた。

　台湾の英語教育は、日本の植民地時代（1895〜1945年）に、日本人によって始められた。日本の本土と同様に、英語の教科書は日本製のものが使われ、教授法は「文法・訳読」方式が用いられた。発音は日本語のカナで教えられたという。想像がつくように、大きな成果はあまりなかったようである。

　終戦後は大陸籍の中国人によって、英語教育が行われた。中国人の先生は大陸のキリスト教団が創設した「教会大学」や一流大学の英文科の卒業生が多く、しっかりとした英語の発音や会話能力を身につけていた。授業でもスピーキングやリスニングを重んじ、英語教育に活気が感じられた。

　もっとも、このような状態は長続きしなかった。まもなく勃発した内戦のため、大陸と台湾の交流が途絶えてしまったからである。しかし、台湾とアメリカとの政治的、経済的関係が緊

密になるにしたがって、英語教育もアメリカの影響を強く受けるようになった。そして、オーラルメソッドを重視し、コミュニケーション能力の育成を目標としてかかげるようになった。

現在、台湾の学校教育では、英語はLWC（Language for Wider Communication、広域コミュニケーションのことば）と位置づけられている。英語は小学校から必修で小中一貫教育のカリキュラムに組み込まれている。父母は子どもの英語教育に熱心で、放課後に児童英語教育を専門にするスクールに通わせるケースが増えている。

台湾政府は台湾をAsian-Pacific Regional Operational Center（アジア太平洋地域展開センター）に仕立てる壮大な計画をもっている。そのためには、50万人くらいの英語と北京語のバイリンガルが必要と考えており、人材養成に乗り出している。台湾の人口は2,100万人であるから、かなりの数の専門家を見込んでいることがわかる。小学校の英語教育は、その裾野を広げる試みなのである。

台湾では、大学入試のために統一試験が行われる。優秀な学生は自然科学の分野に進むようで、理数系の学生は英語も得意である。科学に国境はないといわれるように、台湾の科学者はしょっちゅう海外に出かけて行く。大学でも国際会議が頻繁に開かれる。学生もそのような雰囲気のなかで、自然に英語の勉強に身が入るのだろう。

●台湾英語の特徴

もちろん、台湾人の英語は、ある程度中国語の影響を受けている。それは発音や抑揚にあらわれるだけでなく、文法にも見られる。ネイティブ・スピーカーが"I like it very much."と

言うところを、彼らは"I very much like it."としたりするのは、その一例である。

中国語ではbecauseとsoに相当する語を1文のなかに同時に使うことが可能なので、英語でも"Because I am busy, so I can't go."(忙しいので行かれない)などと言うこともある。また、thoughとbutについても同じで、"Though he is rich, but he is not happy."(彼は金持ちだが、幸せではない)とすることもある。

英語では動詞によって、次にforがくるか、thatがくるかが決まっているが、中国語にはそのような文法上の区別がないので、"Please forgive me for not having written to you sooner."(もっと早くお手紙を差し上げるべきでしたが、遅くなって申し訳ありません)は、"Please forgive me that I did not write to you sooner."としたりする。

このようなクセはコミュニケーションの障害になるものではない。聞いて意味は十分理解できる。学生は臆することなく英語を使う。上手とか、下手とかいうことは、あまり気にしない。必要があれば、外国人に対してどんどん英語を話す。私たちもこういった態度を見習いたいものである。

韓国の英語

●英語は小学校から

　ソウル・オリンピック（1988年）では、韓国人の場内アナウンサーが流暢な英語を使い、てきぱきと行事を運んでいたのを記憶している人は多いだろう。2002年開催のサッカーのワールド・カップでも、またこういった光景が見られた。韓国では英語ブームが続いており、英語はずっと第1外国語の地位を保持している。

　英語は小学校、中学校、高等学校の正規必修科目である。小学校への英語教育の導入は早くも1982年から、クラブ活動のひとつとして始まった。そして、1997年には正規必修科目となり、3年生から授業を受ける。初めはリスニングとスピーキングが中心で、だんだんと短文の読み書きに入る。例文は128種、単語は500語ちかく学ぶ。

　小学校の英語教育では、クラス担任が指導にあたるケースが6割以上で、英語専科教員が教えるケースが約3割といわれる。小学校教員に対する120時間の英語研修は1996年から始まり、さらに120時間の上級研修も用意されている。また、専科教員の増員も計画されている。

　中学校では週4時間ほど勉強する。英語は国語（韓国語）に次いで時間数の最も多い科目となっている。英語の教科書の内容は、韓国人の道徳的価値に言及したものなども含んでいる。たとえば、"Koreans always work hard."（韓国人はいつもよく働きます）とか、"Working hard and saving money will be the only way for us to survive in this world."（勤勉と貯蓄こそ私た

ちがこの世界で生き残る唯一の道です）のような文章がある。

　もちろん、高校でも大学でも英語は重要視されている。特筆すべきことに、1990年の中盤から、大学の入試で、英語にリスニング試験が課せられるようになった。しかも、それは科目総点の20％もの比重を占めている。英語教育の専門家は、この方法が若い世代の英語コミュニケーション能力の育成に、大きな貢献をするものと期待している。

●発音のクセ

　発音の特徴をいくつかあげてみる。韓国語には［f］や［v］がないので、［p］で代用する人がいる。filmはピルム、coffeeはコピー、philosophyはピロソピー、vetoはピトになったりする。

　［θ］もないが、これは日本人と同じく［s］をあてはめる場合と、［d］や［t］を使う場合がある。もちろん、日本人には後者の方がわかりにくい。smoothが［スムードゥ］となったり、mammothが［マンモドゥ］になったりする。

　［z］は、人によって［s］になったり、［d］になる。どちらを選択するにしても、自分の方が原音により近いと思っているふしがある。以前にソウルで開かれた国際歌謡音楽祭を英語で司会したテレビタレントがprizeを［s］で発音して、新聞で叩かれたことがある。［d］と言うべきだということだった。

　こういった特徴はこちらが慣れればすむことである。重要なのは内容である。韓国人の英語の使い方には、参考になることがいくつかある。たとえば、韓国人も中国人と同じで、姓名の順序を維持する人が多い。世界の英字新聞でも、盧武鉉大統領はPresident Roh Moo-hyunと書かれる。

●丁寧な英語

　また、韓国人は礼節を尊ぶ民族といわれる。英語を話していても、その態度は崩れない。"Thank you very much for your generous offer."といった言い方が、ごく自然に出てくる。"Thank you."よりも、韓国語の「カムサハムニダ」（感謝いたします）の方がよほど性に合うのか、英語のなかにもこれが頻繁に出てくる。

　公園の「芝生に入るべからず」は、普通の英語では"Keep Out."だが、韓国では、"Let Us Keep Your Grass Green."のような札をよく見かける。"Please do not smoke."と言えばすむときも、"Please refrain from smoking."（おタバコはご遠慮ください）という言い方になる。

　韓国では長い間、日本語ブームが起きている。日本文化が解禁となり、高校や大学では日本語をカリキュラムに加えるところが増えている。個人教授も盛んである。街を歩いていると、日本語で話しかけられることがよくある。ショッピングなどは日本語でもけっこう間に合う。

　しかし、日本人が韓国に行って、すべてを日本語で通そうとするのは、賢明なやり方ではない。ちょっと込み入った関係では、日本語のできる韓国人でも、最初は日本語を避け、英語を使うことがある。こちらが韓国語ができないとすれば、これは当然のことで、英語が日本人と韓国人の間の平等の言語（equal language）になる。英語を国際言語と呼ぶのは、こういったことがあるからなのである。

● Konglish

　韓国の英語教育関係者のあいだでは、韓国人学生の使う英語パターンのことをKonglish (＝Korean＋English)と呼ぶことがある。たとえば、EBS放送ではMorning Special という英語教育のラジオ番組を放送しており、そのテキストには"MS Konglish Dictionary"のセクションがある。ここに示すものは、間違い英語なので、直さなければならないという観点に立っているが、揶揄したり、侮辱したりする口調ではない。一例を挙げると、こんなものである。

① The weather in here is very cold. (in here→here)
② Isn't he the man who married with my daughter? (married→got married)
③ I have never studied English nor French. (never→neither)
④ Neither of students are coming. (Neither of→Neither)
⑤ The surgeon who operated the King released new details of his injuries. (operated→operated on)
⑥ James and I often have a drink together and quarrel about modern art. (quarrel→argue, talk)
⑦ Television can be a media for giving information and opinions. (media→medium)
⑧ Nobody have complained about the noise. (have→has)
⑨ She got the job owing to she was the best candidate. (owing to→because)
⑩ I recommend you a walk along the park. (recommend

you a walk → recommend (that) you take a walk)

　たしかに、argue (talk)(議論する)のことを quarrel (口論する)と言うのは、韓国人の姿が目に浮かび、妙に納得してしまう。また、owing to に文を接続させるのは明らかに文法的ミスといえるが、その他のものは他国の英語学習者によく見られる。興味深いことに、これらの多くはコミュニケーションの支障にはならない。

　以上に見たように、アジアではたくさんの人々がアジア人同士のコミュニケーションのために英語を勉強している。国際化と情報化はこの傾向をさらに促進し、英語の利用範囲を拡大させている。アジアの人々は英語を自由に使いこなすなかで、新しいアジア英語の規範意識を育成すると思われる。
　日本人はこれから、アジアの人々と英語でコミュニケーションをする機会がずっと増えるだろう。自分の日本人英語を確立し、彼らの多様な英語を正当に評価する論理が求められる。それはアジアの人々との相互理解を促進するための、共通の媒体を創造する努力なのである。

極東ロシアの英語

●ロシア人のアジア志向

　私たちはロシアというとモスコーを連想し、ヨーロッパという感じをもちやすい。しかし、極東ロシア（Far East Russia）は、まぎれもなくアジアである。そして、そこの英語関係者はアジア英語、なかでも日本、中国、韓国人の英語に強い関心を示している。なにしろ、新潟からウラジオストック航空に乗ると、2時間もしないうちにウラジオストックやハバロスクに到着する。

　極東ロシアは日本との貿易関係を強めている。ウラジオストックの自動車は、ほとんど日本車である。もっとも、中古車が多い。「石巻水産」と書いたトラックが道端に止まって物品を売っていた。日本の会社が、こんなところにまで来てビジネスをしているのかと思い、寄ってみると、トラックは日本の中古で、ロシア人がこの看板を書き換えずに、そのままで商売に使っていた。

　ロシアでは車道は右側で、日本車の右ハンドルは使いにくいと思われるのだが、ロシア人はこれをものともせず、私の友人などは見事なハンドルさばきでトヨタをあやつっていた。中央政府は自動車右側通行を楯に、左ハンドルのヨーロッパ車を輸入しようとしているが、極東ロシアの人々はこれに大反対で、日本車の需要は高い。日本とロシアは領土問題を抱え、すっきりしないことが多いが、今後いろいろなレベルで市民コミュニケーションが広まることを期待したい。

ロシアでは、英語教育は基礎教育課程5年（日本の小学校5年）から、週3時間をめどに実施されている。極東ロシアでは、極東英語教育学会（FEELTA, Far Eastern English Language Teachers' Association）が中心となり、初等、中等、高等教育での英語教育の進展に総合的に取り組んでいる。本会は2005年に10周年を迎え、アジア諸国を対象とした英語教育を視野に入れた。

●英語は仲介言語

　ウラジオストックの街では、あまり英語が通じない。ホテル、レストラン、商店では若い従業員が多いが、英語はかなり苦手のようである。義務教育で5年間英語を学習した割には、意外な感じがする。シャイで、しかも外国人慣れしていないのかもしれない。たしかに、しばらくすると、英語で応答する人もいた。日本人と似ている感じがして、思わず笑みがこぼれたことも、しばしばあった。

　ただし、大学の先生や学生は実に英語に堪能である。学生ははにかみ屋さんが多いようだが、英語はよく通じる。先生もよくしゃべるし、コミュニカティブである。集会で質問すると、次々に手が上がる。初等レベルで英語を導入したことにより、英語がよくできる人が増えているという印象をもった。大学で英語教育、言語コミュニケーション、通訳・翻訳などを専門にしている教員、学生は、アジア人の英語にも興味をもっているようである。

　極東国立大学（Far Eastern National University）のZ・プロシナ教授によれば、ロシアでは英語は仲介言語（intermediary language）と考えられているそうである。私たちは国際言

語と呼ぶが、なるほどおもしろい言い方である。日本人とロシア人はお互いにロシア語と日本語を学び合えば、相手の言語で直接コミュニケーションができるのだが、これはなかなか難しいことであろう。そこで、英語がその仲介をするという考え方である。

　同大学の言語学科、翻訳・通訳学科、英語教育学科では、アジア諸英語の研究・教育に入っている。博士課程の学生はそれぞれ、日本人、中国人、韓国人、あるいはシンガポール人などの英語の音韻的、語彙的、文法的、語用論的特徴の研究を進めている。日本人の英語は「間違いだらけ」と言う人には会ったことがない。プロシナ教授も「日本人の英語は難しいので、研究が必要なのです」と言う。

　翻訳・通訳学科でも仲介翻訳・通訳 (intermediary translation-interpretation) という概念が通用している。つまり、露日コミュニケーションでは、英語を仲介してなされる場合が多いので、これにたずさわる翻訳者・通訳者は、日本人の英語に慣れ、その特徴を正しく理解しなければならないという発想である。きわめて現実的な考え方で、日本でも大いに参考にする必要があるだろう。

　これを確実に実行するために、同大学では独特の「東アジア文化英露辞典」(Proshina, 2004) を編集している。これは英語の文脈のなかで使用される、日本語、中国語、韓国語の表現を集めたもので、Ａ４サイズ、577ページの大著である。膨大な文献をあたり、大量の語句が整理されている。日本語への言及が多く、「パチンコ」からその「玉」にまで、ロシア語の説明ではじまり、英文の実例が載っている。

「天下り」amakudari（1996 *Japan Quarterly*, #1, p.66）では、こんな例文がある。

... pachinko parlor operators made a conscious effort to upgrade the image of the game, and to diminish the notion that the industry is greedy, opportunistic and crime-riddened. There are also hints of amakudari (descent from heaven), in which bureaucrats land post-retirement jobs in industries they once supervised.

パチンコ業界はこの遊戯のイメージ向上に努め、強欲、日和見、犯罪にまみれたという印象をかき消そうとした。その過程で「天下り」を求めることもあった。これは官僚が退職後にかつて監督した業界に再就職する慣わしのことである。

● ロシア英語

ロシアではこのところ、ロシア人がロシア文化やロシア事情を世界の人々に英語で説明することの意義が強く認識されている。そして、ロシア人向けにそのようよう書物が出版され始めている。さらに興味深いことに、いろいろな大学で、Russian Studies in English とか Teaching Russian in English という学科や学部が設立されている。そこでは、ロシア人と外国人が一緒に、英語で学ぶ。

このような傾向にともなって、ロシア英語の研究も始まっている。今後の発展を大いに期待したい。ロシア英語（Russian English）とは、日本や中国や韓国の場合と同じく、教育あるロシア人が使う典型的な英語パターンということができるだろう。プロシナ教授（Proshina, 2005）が示す例をあげる。たしか

に、ロシア人と交流すると、このような傾向に気づく。

◎発音
① 長母音と短母音の混合：a sheet of paper が a shit of paper
② 語末の有声子音の無声化：bag が back
③ 語間有声子音の無声同化：absorption が apsorption
④ Wh-疑問文と選択疑問文の上昇トーン化：Why did you say that?／Is his name Mike or Andrew?

◎文法
① 現在完了形を過去形や現在形で代用：Such words had different spelling in their history／Since 1958 an official alphabet of China is Pinyin
② 修飾語連結よりも of-phrase を好む：the 19th century form よりも the form of the 19th century
③ 修飾語連結の語順：the generation gap problem よりも the problem "generation gap"
④ 動名詞句の語順：giving birth よりも birth giving

◎意味論、語用論
① 前置詞：differences *among* cognate languages／interest *to* what they like
② 語彙：scientist を人文系の人にも使う
③ 男性指向的語使用：our study concerns *man* as social being and *his* activities as...
④ 修飾語の重用：the issue concerned in both cultures／it becomes the result of an elaborate fraud／My major specialized interest within this field...

近隣諸国の英語教育

　先に中国、台湾、韓国のところで多少ふれたが、日本の近隣諸国では21世紀の国際化時代を見据えて、英語教育に力を入れ、いろいろなプログラムを充実させている。ここでは、これらの国（地域）に焦点をあて、最新の英語教育事情を点描する。どの国でも、小学校から英語教育を開始しており、さらに初等、中等、高等教育と一貫した英語教育を実施しようとしており、日本でも大いに参考になると思われる。

中国の英語教育

●小学校英語教育

　中国では、英語学習者人口は3億から3億5千万人といわれており、途方もない数である。「英語」は小学校から大学院まで必修科目であり、一貫した英語教育プログラムが編成されている。小学校英語教育は2001年に全市、全郡で開始された（3年生から）が、主要都市ではもっと以前から、そして小学校1年から行っている。週4時間（1時間は40分）が基準である。

　教育部はガイドラインを提示するが、各地、各校は独自の事情を考慮に入れてカリキュラムを編成する幅をもっている。できるところでは、小学英語の内容もはんぱではない。ある教科書では、学校では小5で次のような自己紹介を学ぶ。

　Hello!
　My name's Li Yan.

I'm a girl. I'm ten.
I'm in Class 1.
I'm in Grade 5.
This is Miss Wu, my English teacher.

6年生を終える頃には、次のような会話をこなさなければならない。

Zhou: Hello, Gao Wei. What are you doing?
Gao: I'm making a model ship.
Zhou: Really? Can I help you?
Gao: OK. Pass me the knife, please.
Zhou: All right. Here you are.
Gao: Thanks. And give me the scissors, please.
Zhou: Here you are. Anything else?
Gao: No thank you.
Zhou: Can it go on the water?
Gao: Yes, of course. Wait a minute. I'll show you.
　　 We'll go to the late and try it on the water.
Zhou: Oh, great!

教育部は「義務教育段階における英語科基準」のなかで、英語力の9レベルを設定し、小学校卒業時レベル2、中学校卒業時レベル5、高等学校卒業時レベル8、高校優等卒レベル9と指定している。レベルを設定して、それを達成目標にすることを全国的に指示する。そして、それができるところから進めるというやり方である。全国津々浦々まで同時に実行できなけれ

ば、なにごともやらないというやり方ではない。最初にひとつの方針を提示して、できるところから進めていく。

広い中国では、英語があまり必要でない地域もたくさんあるわけなので、これがなされていないところもある。また、先生が不足しているところでは、できないこともある。しかし、各地でできるようにするために、あちこちで地域目標を拡大していこうというやり方である。大学入試全国統一試験ではリスニングとライティングもあり、コミュニケーション能力の育成を目指している。

● PETS と CET

中国企業（公司、集団）も英語能力を重視している。とくに、2001年11月10日の中国のWTO加入以降、英語熱はさらに高まっている。教育部は1999年、その監督下にChina Public English Test System（PETS）を創設し、社会人に広く英語学習を動機づけようとしている。"Every citizen should study English."（各人学習英語）が標語である。

PETSは英語力をレベル1からレベル5に分けて認定する。内容はListening、Reading、Speaking、Writingをコミュニカティブな観点から測定しようとするものである。企業は従業員のこのスコアを昇進の考査に使用する。2003年から、人民解放軍、中国銀行、航空宇宙局等で、このスコアは広範囲に利用されている。興味深いことに、「外国人のための中国語教育」の教師も、このテストを受けなければならない。また、この点数は高校入試や大学入試で、有利にあつかわれる。

PETSは一見、日本の「英検」に似ているように見えるが、中身は大いに違う。PETSはどちらかというと、ESP（English for Specific Purposes）で、「仕事で英語が使える中国人」の養成を目指しており、職業によってレベルを分類しているところがある。PETSは確実に普及している。1999年に開始された当時は年1回、全国10カ所で行われ、受験者も28,577人であったが、2002年には年2回、全国19ヵ所で実施され、受験者は32万に増えている。街の本屋さんには、この勉強をするためのテキストブックコーナーがあり、庶民の英語熱をかきたてている。

大学でも英語教育改革が進み1987年から、大学英語試験（College English Test, CET）の6レベル（バンド）が設定され、2005年までBand 4の合格が卒業要件となっている（"No CET 4/6 certificate, no graduation diploma."）。毎年6百万人の学生がこれを受験するという。Band 4は general non-English major用で、Band 6はその上級用である。最近は、Band 8（大学院進学用）もできている（English majorは、後述のように別にTEM4-8を受ける）。

語彙面でみると、高校卒業時は3,200語の学習が求められ、CET Band 4では4,200語、Band 6では5,500語をマスターすることが必須である。国立「主要」大学では、5〜10％の科目を英語で授業する方針を立てている。高校までしっかりと英語を鍛えておけば、大学の専門科目は英語でできるという信念がある。バイリンガル教育は大学でこそ有効であるとみられている。

●大学の英語専攻

中国の大学の「英語専攻」は人気学科のひとつである。中国の大学には英文（学）科はなく、あるのは英語（学）科（English Department）である。中国にはいろいろな大学に英語専攻が

ある。北京外語大学、天津外語大学、上海外語大学、西安外語大学のような外語大学、また北京大学とか黒竜江大学のような総合大学、それから各省の農業大学、森林大学、海産大学、貿易大学、国際金融大学などにもある。

ここで重要なことは、全国に展開する大学英語科の共通カリキュラムである。教育部は1998年に「高等教育における英語専攻のためのナショナル・シラバス」を公示して、一定の基準を設けたのである。もちろん、各地、各大学は独自の事情を考慮する自由裁量の余地は与えられている。各大学がこのナショナル・シラバスに基づき学科を運営するということは、外語大学、総合大学、専門大学、そして師範大学、短大を問わず、英語専攻には全国共通のプログラムがあるということである。

英語専攻には次の3分野がある。
① 英語運用能力［スキルズ］科目
② 知識科目：言語学、語彙論、文法、文体論、英米文学、英米文化・社会、西洋文化など
③ 専攻関連科目：外交、経済、通商、法律、経営管理、ジャーナリズム、教育、科学技術、文化論、軍事

英語と軍事のコンビネーションなどは驚きである。中国の英語科では、英語しかできない人はこの社会に必要ないという認識に立ち、英語プラス何かを強調している。授業は英語で行うものとされている。

英語科の基本モデルは、4年間8期である。これにスキルズ分野の必修科目を入れてみると、こんなふうになる。

 1年1期：Comprehensive English、Phonetics、Listening Comprehension、Oral English

2期：Comprehensive English、Listening Comprehension、Oral English、Reading
2年3期：Comprehensive English、Listening Comprehension、Oral English、Reading、Writing、Grammar
　　4期：Comprehensive English、Listening Comprehension、Oral English、Reading、Writing、Grammar
3年5期：Advanced English、Writing
　　6期：Advanced English、Writing、Translation
4年7期：Interpretation、Translation
　　8期：Interpretation、Translation

その他、選択科目もいくつか並んでいる。各科目には、それぞれ特定のシラバスがあって、教科書や参考書等も挙がっている。なお、English major は Comprehensive English を学ぶが、non-English major は College English を取る。専門にはそれ相応のレベルが求められる。

　知識分野は2年後期から始まり、以下のような必修科目が提供される。
2年4期：Survey of English-speaking Countries
3年5期：Survey of Linguistics、British Literature
3年6期：British Literature
4年7期：The Writing of Academic Thesis、American Literature
4年8期：American Literature

ごらんのとおり、英文学は2期間、米文学も2期間というふ

うに、非常に限られて、文学偏重ではないということがわかる。

選択科目としては、次のものがある。

English Phonetics、English Lexicology、English Grammar、English Stylistics、Rhetoric、English Teaching Methodology、British Society and Culture、American Society and Culture、A Brief Introduction to Western Culture、History of English and American Literature、Selected Readings of English Novels、Selected Readings of English Prose、Selected Readings of English Dramas、Selected Readings of English Poems and Ballads、etc.

英語教員を志望する学生は、English Teaching Methodologyを勉強することになる。これにも特定のシラバスが設定されていて、どの省の外語大学、総合大学、師範学校で勉強しようが、一応共通のコンテンツを学ぶことになる。

3年5期になると、専攻関連科目が提供される。これはすべて選択科目である。主なものは以下である。

An Introduction to Diplomacy、Survey of International Relations、Western Political System、A Brief Introduction to International Laws、A Brief Introduction to Mass Media、News Writing in English、International Trade、English Test、History of English Education、Survey of International Commerce、Survey of International Finance、Survey of Economics、The Management of Foreign Countries-Related Enterprises、A Brief Introduction to Statistics、History of the Development of Science and Technology、Military History of Britain and America、Computer Application、etc.

ナショナル・シラバスでは、英語専攻（4年間8期）の授業時間を2,000時間から2,200時間と定めている。1年1期では、スキルズ科目が中心で、週14時間（1時間は50分）の授業となる。知識科目も2年3期から始まる。2,200時間で計算した場合に、スキルズ科目は67％、知識科目は15％、関連科目は18％に相当し、英語運用能力の訓練を優先している状況が鮮明になっている。

●科目のレベル・スタンダード

　ナショナル・シラバスにはレベル・スタンダードも鮮明に明示してある。これには、5つの段階（前段、レベル2、4、6、8）が設定されており、その到達目標が示されている。レベル2は大学1年の終わりのレベル、レベル4は2年の終わりのレベル、レベル6は3年の終わりのレベル、レベル8は卒業レベルと決めている。さらに、それぞれのレベルについて、発音、文法、語彙、聞き取り、スピーチ、リーディング、ライティング、翻訳、文献使用、文化的背景という項目を設け、それに関した能力が規定されている。

　文献使用では、辞書の使い方や、いろんなレファレンスの適切な使い方を定めている。文化的背景では、英語を国語とする国々の文化的背景のみならず、中国の文化的特徴を英語でいかに言えるかということも入っている。各期のレベルに到達しなければ、進級できないこともある。

　リーディングのレベル・スタンダードを例にとると、こんな感じになる。大学1年前期の前段レベルでは、新出単語3％以下のbiographies、stories、short scientific articlesを1分間に60語のスピードで読めること、解釈正解率は70％で、main ideaを理解できることとある。大学3年後期のレベル6では、タイムズ紙、ニューヨークタイムズ紙の政治・社会評論、*The Great Gatsby*レベルの小説、*The Rise and Fall of the Third Reich*レベルの歴史物が読め、その構造や文体が分析でき、1分間に140〜180語のスピード、解釈正解率75%、1,300語の文章を5分で読む能力が求められる。

　また、英語専攻は、大学2年(Foundational Phase)と大学4年(Advanced Phase)の終わりに、TEM4、TEM8という試験を受けなければならない。TEMとはTest of English Majorsのことである。予科から本科にあがり、卒業するというシステムになっている。この試験は非常に重要であるが、試験準備のために通常授業をおろそかにしてはならないという注意がしょっちゅう、なされている。また卒論も、英文で3,600〜5,000語と指定されており、「英語力」プラス「個性的アイデアと改革的意識」を重視するとある。

　以上のことは、専門家が提出した「21世紀における大学外国語教育改革提案」を、十分に受け入れた結果といえる。この提案では、外国語教育(特に英語教育)で次の5つの重要な能力を育成するとある。すなわち、① 確固たる基礎力、② 広範囲な知識、③ 専門知識、④ 運用能力、⑤ 資質である。資質という面では、愛国心や集団主義の育成、諸外国の文化を吸収するとともに、中国文化の豊かさを諸外国に知らせる能力という言い方がなされている。

● 英語教員養成機関

　中国には教育免許制度はなく、これは将来の課題と言われている。しかし、英語教員の資格というものはある。英語教員は

上記の大学等で「英語」を専攻したもの(English major)であることが求められる。以前は、英語専攻でなくても、ロシア語、フランス語、ドイツ語、あるいは日本語専攻でも英語教員になれたようであるが、現在は、英語専攻が第一条件である。

もちろん、師範大学（学部）の英語科卒業生は英語教員の有資格者である。師範大学は2年、3年、4年と、3つのコースがあるので、師範大学を2年で卒業して小学校の英語教師になる人はたくさんいる。その他、短大卒でも英語専攻であれば、資格を取れることがある。こういうところを卒業すると、教員募集に応募できる。応募し、面接を受け、さらに授業実践をして、その成績によって採用が決まる。

教員養成専門機関である師範大学の英語科では、上記のような「英語」課程を勉強した上で、「英語教授法」を必修科目として学ぶ。これにもナショナル・シラバスができているので、一般大学で英語教授法を選択科目として受講する学生でも、同じシラバスでこの科目を勉強することになる。

このシラバスによれば、「英語教授法」の目的は、基本的な教育大綱を熟知させ、英語教育の本質と任務を明確にさせること、とある。内容は、英語教育の原理、リスニング・スピーキング・リーディング・ライティング能力を育成する方法、音声・語彙・文法の教え方、授業のしかた、教具の使用法、課外活動の形式、テストの理論と方法などを学ぶ。これは1学期毎週2時間で、合計36時間2単位科目である。

師範大学ではさらに、「中学英語教員のための職業技能訓練」というプログラムがあって、教育実習とあわせて、さまざまなことを学ぶ。これは、現職教員の再教育にも利用されている。たとえば、アルファベットの筆順を知り、英語の筆記体を万年

筆とチョークで書き、いろいろな美術体(フォント)を操作する練習をする。音楽や絵画の技能も重要視される。また、教案の作成、板書の計画、課題の設計、テストの作成と分析評価、そしてその記録とフィードバックなどと、たくさんの学習訓練項目が指定されている。これに、コンピュータの研修が加わり、さらに自立能力を高めるものとして、英文資料の閲覧と収集、教育論文の書き方などの研修もある。

ところで、こういった本格的な英語教育プログラム、そして教員養成プログラムが実施されてから、まだ10年ぐらいしかたっていない。こういうことが行われはじめたのは1990年代の半ばくらいからなので、卒業生がどのような成果をあげているかは英語の先生方の間で大問題となっており、いろいろと議論されている。十分に目標に達していないというのが、一般的な見解のようである。しかし、だからこそ、これを達成するにはどうしたらよいかということが、いろいろな会合で議論されている。

英語教員は何よりも、英語の実力が求められる。中国の大学で実施されている英語専攻の教育プログラムは日本でも参考になる。同時に、英語は世界の国際言語であり、多国間、多文化間コミュニケーションの媒体であるということは、中国ではまだリップサービスにおわっている。大学の先生の間ではこういう考え方がある程度広まりつつあるが、中学校や高校の先生、とくに小学校の先生には行き渡っていないように感じられる。

小学校では、先生は自分のことを「アイ・アム・キャロル」と言い、生徒を「ユー・アー・トマス」と呼んだりしている。英語とは、そういうネイティブ・スピーカーの名前を持つための言語であるという考えが、まだ抜け切れていないようである。

国際言語としての英語と、アメリカの言語としての英語の違いは、まだ十分に理解されていない。それは日本でも同様である。そういった問題意識を持ちながら、日中英語コミュニケーションを進めるなかで、いろいろな問題点が見えてくる。そして、それを解決する方法も発見されることになると期待される。

台湾の英語教育

台湾では英語を Language for Wider Communication（広域コミュニケーションのことば）と規定して、英語教育を強化しようとしている。陳水扁総統は2002年に、英語を2008年までに公用語と制定する提案までしている。ただし、郷土諸語（台湾語等）、北京語、英語の関係が複雑で、郷土諸言語をさしおいて英語を公用語と宣言することには、世論の抵抗があるようである。

小学校英語教育については、台北市が1998年に小学校3年より導入したことをきっかけに、2001年には全国で小5より、2005年には全国で小3より実施されることになった。最少週2時間が基準である。各市には自由裁量があり、台北市は2002年より、小1から開始している。このようなアンバランスのために、地域格差拡大の心配もある。しかし、教員養成大学では2000年より、小学校英語教員の養成を始めており、いずれ全国規模で共通のカリキュラムが施行されると思われる。

初等英語は中等英語の基礎と位置づけられている。そのためか、中学、高校の教科書やワークブックは分厚いものになっている。ちなみに、中学校では英語は週3時間必修、1～2時間選択必修で、高校では週5時間必修、4～8時間選択必修とな

っており、相当の時間数を設けている。大学入試センターの「英語」では、ライティングを出題しており、しかるべき工夫をこらしている。なお、中高には第2外国語（日本語など）の選択必修科目もある。

台湾の初等英語教育で興味深いのは、教科書の内容である。以下（*Happy Rainbow English-Reader 6,* 2003）のように、学習者の心に響くものがある。ここに、小学校英語のよい教科書とはなにかがよく見える。

In spring, Little Fox was born.
One day, Little Fox asked Mama Fox, "What is spring?"
"We will go out to feel spring, my boy!" said Mama Fox.
Little Fox said, "It feels warm, flowers are blooming, birds are singing, and..."
"The day is as long as the night," said Mama Fox.
"So this is spring?" asked Little Fox.
"Yes!" said the Wind.
Little Fox slowly grew up in spring.
そして、夏が来て、秋が来て、冬が来る。ある日のこと。
One day, Little Fox asked Mama Fox, "Why am I growing up?"
"It's because..."
"Wait, let me feel..." said Little Fox.
"What do you feel?" asked Mama Fox.
Little Fox said happily, "I feel that... Mama loves me very much!"
Little Fox slowly grew up in his Mama's love.

韓国の英語教育

●英語教育の抜本的改革

韓国では1990年代に、英語教育の抜本的な改革に着手した。そのひとつが小学校英語教育の導入である。小学英語は1982年に課外活動として始まっていたが、97年に正課として確定した。そこでは小3より、週2時間、4年間で500語、9のコミュニケーション機能類、127の例文を学習する。

例文の「定型伝達：謝罪と応答」のところを見ると、以下があがっている。Sorry (about that)!／Excuse me.／That's all right.／Oh, I see.／It's nothing.／No problem!／Sorry, I'm late.

教科書では、小3は絵のみで、英語の文字はなく、韓国語で活動を指示する。小4でアルファベットの読み、小5で単語の読み、アルファベットの書き、小6で単文の読み、書きが入る。教師用指導書には各単元で使用する文や語句を記し、ビデオテープとオーディオテープがついている。

1997年の小学校英語科導入時は、主としてクラス担任の担当が想定されていた。そのため、96年より120時間の基礎研修を実施し、84時間（70%）をコミュニケーション能力の育成、34時間（28.8%）を英語教育法にあてた。この研修修了者にはさらに、120時間の上級研修の道を整えた。1996年には25,000人以上（初級18,800人、上級6,600人）が研修を受けている。

さらに、700名は海外研修のチャンスに恵まれたが、これは経済不調のために、97年に中止となった。以後、毎年2万人規模の研修を続行した。それでも、教育省の調査（98年）では、小学校で英語を教える教師のうち、8割以上が専科化を希望し

ている。98年ソウル市では、6.5割が担任、3.1割が専科であった。教育省は英語専門の教師を増員する意向である。

中学校、高等学校では週4時間が原則で、コミュニケーションが重視されている。教科書は日本の3倍もの厚さである。教科書の特徴として、韓国の伝統、風物、人物、言語等を紹介するものが目立つ。道徳的で教訓的であるという印象を与える。英語の学習によって、韓国文化の否定にならないようにという配慮が滲みでている。道徳的で教訓的であるともいえる。

●communicativeはlisteningから

2つめの改革は、1993年開始の大学修学能力試験（CSAT）の「英語」にリスニングを導入したことである。リスニングは全問中20%強を占め、未完成の会話を完成させる問題も含んでおり、間接的にスピーキングと連動している。リーディングは60%となっている。全体的にコミュニカティブ重視の方向となり、高校英語教育に大きな影響を与えた。ただし、生徒が文法と語彙の正確な知識に欠けるという批判もある

大学では、卒業要件として、相当の英語力を求める大学が増大している。延世大学等では、医学部予科から本科に進学するのに、TOEFL 550点以上、TOEIC 700点以上を課している。全般に、小中高の英語教育が望ましい方向に進展すれば、大学ではバランスのとれたcommunicative and academic Englishの育成が可能という認識がある。また、英語教員を養成する大学や学部では、1996年の教育省のイニシアティブに従い、伝統的な文学、言語学中心から、英語運用能力と英語教授法の習得に力点を移している。

また、今世紀初頭には第7次カリキュラム改正が行われ、小

中学校で2001年度、高校で2003年度より適用されている。そして、小中高でさらに一貫した英語教育を目指す。小1から高1までの10年間を国民共通基本教育課程と名づけ、文法・機能シラバスを採用し、79のコミュニケーション機能と347の例文を指定している。

なお、小3、小4の英語学習時間は、導入当初（1997年）の週2時間から週1時間に変り、小学学習語彙も500語から450語に縮小されている。理由はゆとり教育のためとされているが、多くの学校では、「校長裁量の時間」で「英語」を採用しており、実質的な差はないようである。紆余曲折はやむをえないであろう。

また、韓国でも中高で第2外国語（日本語、中国語、ロシア語、ドイツ語、フランス語）が選択必修科目となっており、6単位が与えられている。英語はたしかに、多国間コミュニケーションの有効な言語であるが、日中、日韓の2国間コミュニケーションでは、日本語、中国語、韓国語がそれぞれ友好的な関係を築くのに重要である。日本、中国、韓国がおたがいによりよく理解しあうためには、相互に相手の言語を学びあう体制をつくる必要がある。日本はこの点で遅れをとっている。早急の対策が求められる。

ロサンゼルスのLittle Tokyo

第3章

日本人と英語
異文化間理解とコミュニケーションのために

　ここでは、第1章で見た英語の国際化と多様化、そして第2章で触れたアジア英語のいろいろな姿を参考にしながら、日本人と英語のかかわりについて考えてみたい。

　日本の英語教育では今日でも、英米の文化現象を教材にしすぎる。当然のことながら、世界の人々が英語で会話をするときの話題は、英米の事柄に限られているわけではない。タイ人ならタイのこと、インドネシア人ならインドネシアのこと、日本人なら日本のことを英語で話せないならば、国際英語コミュニケーションは何の役にも立たない。

　英語を自己表現のための国際言語と考えるならば、早くこの偏向を克服しなければならない。そして、日本のことをもっと英語で読んで聞き、さらに書いて話す訓練をする必要がある。それは積極的で発信型の英語運用能力の育成につながるはずである。

日本人の非現実的な英語教育（学習）モデル

　私たちは明治の開国にあたって、英語をイギリスのことばと理解した。また、第2次世界大戦後は少し観点を変え、それをアメリカのことばと考えてきた。このために、日本人の英語に対する認識は、現在の英語の国際的役割から、かなりかけ離れたものとなっている。そのため、私たちの英語教育（学習）のモデルも非現実的といわざるを得ない。

　そのきわみは、学習者がネイティブ並みの能力の獲得を求められることである。また、ネイティブ文化の学習同化も重要視される。そして、この目標の達成が不可能なので、いつまでたっても英語に自信がなく、それを積極的に使用しようとする意欲がわかない。ネイティブと同じように話せないと、ちゃんとした英語ではないと思ってしまうのである。

　学習者はこのような英米志向を植えつけられると、自分のノンネイティブとしての限られた能力を正当に評価できず、欲求不満に陥ってしまう。また、他国のノンネイティブが使う英語パターンに対して、その必然性が理解できず、どうしても不当な評価を下してしまう。このモデルは次のように表記できる。

　　インプット　　　　プログラム　　　期待されるアウトプット
　　| 日本人学生 | → | アメリカ英語 | → | アメリカ英語の話し手 |

その社会言語学的前提：
　① 英語はアメリカのことばである。
　② 英語を話すためにはアメリカ人のようにふるまわなければならない。

③ このモデルがうまくいかなければ品質管理を高め、新たな努力をしなければならない（英語教育を中学校から始めるのが遅すぎるならば、小学校から開始したり、ネイティブの先生をもっと活用する必要がある）。

その結果：
① 学習者は無力感と劣等感に悩み、英語運用に消極的になる。
② ニホン英語でも国際的場面で十分に活躍できる事実を過小評価する。
③ 他国のノンネイティブの英語変種に違和感をもち、差別的態度を生む。

●ネイティブ信仰

　日本人のネイティブ偏重はいたるところに見られる。英語の先生にはネイティブが一番よいと信じ、英会話学校などでは彼らが多数いることを表看板にするところもある。文部科学省や自治体が中学や高校の英語アシスタントとして日本全国津々浦々で採用する先生も、英米出身者が群を抜いて多い。

　もちろん、ネイティブの先生が重要な役割を果たすことは間違いないが、インド人やシンガポール人のように英語を第2、第3言語として獲得した人々も、それなりの貴重な経験をもっており、日本人学習者に有意義なアドバイスができるはずである。しかし、ネイティブでないゆえに、積極的に登用されることはない。

　ネイティブの語感を何よりも最優先するということもある。たとえば、あるネイティブが日本語の国際化と英語のinternationalizationは意味が違うと言うと、日本人はすぐそれを丸飲みにしてしまいがちである。たしかに、英米語のinternationalizeは「運河などを国際機関の共同管理下に置く」という意味が強いが、日本語のように「門戸を広く開放する」という意味もあるのである。

極端になると、日本の英語関係者のなかには、日本語の「(日本、企業、市場、あるいは教育の)国際化」という言い方は、英語のinternationalizationにそういった使い方がないので、おかしいと感じる者さえいる。日本語を英語と比較して、その善し悪しを決めるのが国際的と感じているようである。

実際は、日本人が国際化のことを英語でinternationalizationとよく言うので、アメリカ人もそういう使い方をするようになってきているともいえる。私の友人のアメリカ人教授は、自分の大学が外国の大学との国際提携に遅れていることについて、次のように書いてきた。"Our university is still far behind in internationalization."(私の大学は国際化が遅れています)

●同化願望

日本人の英語の先生のなかには、日本人ばなれしていると言われると、ことのほか喜ぶ人がいる。イギリス人やアメリカ人のように見られたいらしい。英米の方が日本の習慣よりも合っていると言い、それらしきふるまいをする。しかし、端から見ると、普通の日本人とちっとも変わらない人が多い。

たった1年しか滞在しなかったのに、イギリスから日本に帰国したあと、日本社会に慣れるまで6カ月かかったと言う人もいる。イギリスの生活には一瞬にして同化できるが、日本は住みにくいというわけである。しかし、こういうことを言う人でも、実際は海外経験の前後で、少しも変わっていないのである。

このような言動をよく観察すると、セルフイメージの話が多

いことに気づく。英米への同化願望と日本からの逃避願望がイメージのなかで渦を巻いている。いずれもかなわぬ夢であるが、そのフラストレーションはアジア軽視につながりやすい。英語をもっと国際的に、世界的に考えることによって、こういう傾向は是正できるだろう。少なくとも、このような傾向を次世代まで残したくない。

● **完全主義**

それにしても、日本人はネイティブのするとおりにすることが、最も正しい方法であると信じているきらいがある。ある雑誌の投書にこんな意見があった。「成田エキスプレスで"Our next station is Ikebukuro."と言うが、ボストンの地下鉄では、"The next station will be Government Center."と言っている。JRは英語表現を見直してはどうか」

もちろん、JR式が間違いでもなければ、意味不明というわけでもない。このようなまっとうな英語を直さなければならないとする論理は、いったいどこにあるのだろうか。日本人のなかには、アメリカ英語と少しでも違うと、おかしな英語と考え、それと寸分違わぬようにしたいと思う人がいるようだが、英語はそんなに四角四面なものではない。

しかも、このJR式はネイティブ・イングリッシュから少し逸脱しているというわけではない。オーストラリアのシドニー市内を走るモノレールの車内アナウンスは、"The next stop is Darling Harbour."と言っている。メルボルン市の電車では、"Your next station is Richmond."である。もちろんstationは「スタイション」と発音される。

アメリカ英語を英語の基準とすると、アメリカ人の言い方以

外のものは、すべておかしいと感じてしまうらしい。私たちはこのような独善的な態度から自由になりたいものである。実際、ネイティブ・スピーカーでもさまざまな英語に触れる機会が多いので、ひとりよがりな態度を取る人は少ない。

オーストラリアの鉄道では一般に次の駅を告げるのに、未来形ではなく現在形が使われている。未来形を使うことは、ネイティブ式でも何でもない。これに関連して、*Sydney Morning Herald* (January 20, 1999) の次の記事を紹介しておきたい。

On a train coming down the Blue Mountains, two children, a girl about 2, and a boy, Jessy, 4, bounced around, noisy and excited about going to "Nanna's" at Westmead. Then came the usual, almost inaudible, announcement that the next station *was* Hazelbrook. The girl asked her mother what had been said. "It's the train driver telling the little girl in carriage 3 to be quiet and behave," said the mother. At this point an SRA employee, who had been sitting nearby, left the carriage. Two stations later there was a new announcement : "Would Jesse and his sister in Carriage 3 please be quiet and behave. Have a lovely time at your Nanna's at Westmead, and thank you for travelling State Rail." Result : Two amazed and well-behaved children.（イタリックは筆者）

ブルーマウンテン行きの汽車のなかで、ふたりの子ども（2歳くらいの女の子とジェシーという名の4歳の男の子）があちこちを歩き回り、はしゃいでいた。彼らはウエストミードに住む「おばあちゃん」のところに行くので、少し興奮していた。そのとき、

いつもの車内放送が聞き取りにくい声で、次の停車駅はハイゼルブルックと告げた。女の子は、母親にいま何て言ったのと聞いた。「運転手さんが、3番車両の女の子さん、静かにお行儀よくしてくださいね、と言ったのよ」と母親は答えた。すると、近くに座っていた鉄道の社員が車両を離れた。ふたつの駅を過ぎたところで、新しい車内放送があった。「3番車両のジェシー君と女の子さん、静かにお行儀よくしてくださいね。そして、ウエストミードのおばあちゃんの家で楽しく過ごしてください。州鉄道をご利用いただきありがとうございます」。ふたりの子どもは目を丸くして、すぐにお行儀よくなった。

どこまでもネイティブふうに言わないと気が済まないとすると、日本人の言い分が英米の慣用表現にない場合に困ってしまう。私たちはこういったときに、簡単に妥協してしまい、既成の語句に合わせてしまう。日米貿易交渉で日本側が提示するのは規制緩和であるが、これに相当する語句がないというので、deregulationなどと訳してしまう。

これでは規制撤廃の意味となり、日本側の意図とだいぶ食い違う。こんなふうに訳して本当に大丈夫なのか。アメリカ側に誤解を与えはしないか。どうして、日本語の意味どおりに、relaxation of regulationsとしないのだろうか。私たちは英語を英米の言語と考えると、つい英米の慣用表現に合わせるのが唯一の方法と思ってしまい、英語とのかかわりにおいても、消極的にならざるを得ないのである。

そして、「正しい」英語を話そうとすることばかりに気を使い、発言内容をも英語能力に合わせがちになる。英語が未熟だと、それに相応したことしか言おうとしない。これはたいへん危険

な行為である。とくに成人の場合は、知識の程度を疑われたり、社会参加の意図を勘ぐられたりする。何よりも、コミュニケーションが不平等になる。

さらに、ネイティブの言語習慣に過敏になると、ちょっとした違いも受け入れにくくなる。ある日本人はニューヨークで英語を勉強していたとき、アメリカ英語を上手に操る先輩をたいへん尊敬していた。しかし、彼はあるときその先輩が "Let's discuss about it." と言うのを聞いて、敬意がすっかりさめてしまったという。

discussは他動詞だから、前置詞をもたない、こんな間違いをするようではとても英語の達人とはいえない、というわけである。たしかに、discuss aboutとかmention aboutと言うと、日本では、ネイティブ英語を獲得していないという烙印を押される。日本の英語界では、そのくらいネイティブの規範が強圧的になっているともいえる (p. 57参照)。

もっと残念なのは、日本人同士がお互いの英語に聞き耳を立てて、あら探しをしている姿である。ある大学教授は英語で授業をしていたが、more bigと言ったことが教室外に漏れて、英語で授業をしない同僚の不評をかい、よい見せしめとなってしまった。英語で間違いをしてもコミュニケーション上は何の障害にもならないが、体面がいたく傷つくのである。

それでは、ネイティブと同じようになるまでは何も言えないことになってしまう。英語を一生懸命に勉強しているが、完全にできるようになるまでは使おうとしないといった態度も見られる。これは泳げるようになるまで泳がないのと同じで、本末転倒もはなはだしい。人生いかに生きるかの答えが出るまで息を止めるのと、同じくらいばかばかしい話である。

現実的な英語教育（学習）モデル

　このように見てくると、日本では上に記したネイティブ志向の英語教育（学習）モデルには非常に無理があり、有効とは思えない。それは日本人の英語に対する消極的態度を引き起こすだけで、便利な英語運用能力を育成できない。日本で実際に成果があがる一般的な方法を考案しなければならない。

　その第一歩は、新しい英語観の確立である。私たちは英語を英米のことばと考えるのではなく、多国間、多文化間コミュニケーションのための国際言語と考えるべきではなかろうか。そうすることによって、自分がノンネイティブであることが自覚でき、自分の英語を他の同様の人々が使う非母語話者英語の一部であると考えることができるだろう。

　ここで、ラリー・スミスに再度登場してもらおう。彼は英語の国際性、広域性について、次のようにうまく描写している（Larry Smith, 1983）。

English belongs to the world and every nation which uses it does so with different tone, color, and quality.... No one needs to become more like Americans, the British, the Australians, the Canadians or any other English speaker in order to lay claim on the language.

英語は世界の言語である。どの国の人々もそれを使うときには独特の音調、色彩、内容をもって使う。……英語を使うからといって、アメリカ人やイギリス人やオーストラリア人やカナダ人やその他の英語の話し手と同じようになる必要はない。

繰り返すことになるが、事実、世界の多くの人々はイギリス人やアメリカ人の真似をするために英語を学習しているのではない。むしろ、英語の国際的利便性を認識して、それを効果的に運用する能力を身につけるために努力している。だから、ネイティブの英語を見本として勉強するが、自国ふうのクセを恥じようとはしない。

　この考えを日本にあてはめると、次のようなモデルになる。すなわち、日本人は一例としてネイティブのアメリカ英語を見本に学習する。だから、アメリカ人のように話せる能力を獲得すれば賞賛の対象とする。しかし、そうでなく、日本ふうの話し方をしても、英語として何らかの国際的運用ができればよしとする考えである。

インプット　　　　プログラム　　　　期待されるアウトプット
日本人学生　→　アメリカ英語　→　ニホン英語の話し手

その社会言語学的前提：
　① 英語は多国間コミュニケーションの言語である。
　② 英語の国際的普及は必然的に多様化を生む。
　　（インドのマクドナルドはビーフを使わない！）
　③ 共通語は多様な言語である。
その結果：
　① ニホン英語は通じる。
　② 役に立つ英語は使える英語でなければならない。
　③ Better is the enemy of good.

　ここでいうニホン英語（Japanese English）の構造の詳細はまだ確定できない。ただし、次のように大まかにいうことがで

きるだろう。日本人はたいがい英語を学校で学習する。だから、ニホン英語とは、日本人が中学から始めて高校までの6年間、あるいは大学の外国語課程の2年間を加えて合計8年間の学習で獲得した英語の一般的パターンと定義できるだろう。

重要なことは、日本人はこの英語を基礎にして、多くの分野でさまざまな事業をしているということである。世界をまたにかけた日本のビジネスパーソンはこの英語に専門用語を足して、困難な交渉をこなし、現地の関係者と親交を結んでいる。日本人はこの英語に気後れを感じているが、それは実際は十分に通じるし、有効なのである。

だから、日本人はジャパニーズ・イングリッシュにもっと自信をもってよいはずである。8年間も勉強したのが、まったく役立たずということは絶対にない。自分の英語をダメだ、ダメだというのではなく、まず使ってみることである。下手でも、ぎこちなくても、とにかく使ってみることである。

日本人は、日本の社会で英語を学習する以上、よほどのことがない限り、アメリカ人やイギリス人と同じように英語を話せるようにはならない。どうしても、日本人のクセが出てしまう。それは当たり前のことなのである。しかも、クセのある方が日本人であることがよくわかって、かえって好都合の場合が多い。英語は日本人が日本人であることを示す国際言語なのである。

●ニホン英語は通じる

日本人はニホン英語が世界で通じないと思い込んでいるかもしれない。しかし、それはまったく事実に反する。このことは長らくニホン英語の理解度を国際的に研究している末延岑生(1990)とSuenobu (1995)に詳しく述べられている。国際会議

などでも、非母語話者の英語は理解しやすい。むしろ、アメリカ人の英語が最も理解しにくいともいえる。

もちろん、努力して [l] と [r] の区別を習得することは望ましいことだが、仮に顕著な区別ができなくても、そんなに臆することではない。食べ物の話をしているとき、"I like rice." のつもりで、"I like lice." と言ったとしても、"rice" と理解されるのが普通である。「シラミを食べるのか」と驚く人はいない。会話の理解は文脈でなされることが多いからである。

日本式表現も魅力的である。"I can do it before breakfast." （朝飯前）はいまや北米でも使われている。私は学会のパーティーで "I have a son who is still biting my leg at the age of 27." （脛かじり）と言ったところ、その表現がおもしろかったのか、次の日にアメリカ人が "My son still chews my leg, too." などと言っていた。

日本人は発音、語句、文法、表現などの習慣がネイティブと違うと、通じないと思いがちである。もちろん、違いの程度によってはそういうこともあるだろうが、学習者が何年も努力したあとの「多少の」違いであれば、深刻に考えるほどではない。ときには、"Do you understand me?" とか "Am I clear?" と言って、通じ具合をモニターすることもできる。

私たちは英語で自己を表現するときに、発言内容を英語能力に合わせてはならない。英語が下手でも間違っていても、発言を妥協しない態度が重要である。そう考えると、私たちの英語は必然的にニホン英語にならざるを得ない。しかも、そういう努力を積み重ねるなかで、自分の英語能力を通用度の高いものに仕上げていけるのである。

● 「間違い」を教えるのではない

ニホン英語を受容する話になると、それでは日本の英語教育でそれを教えるのかという質問がなされる。答えはノーである。上のモデルでも明らかなように、ニホン英語というのは日本人が英米英語（あるいはその他の国際標準英語）を見本に勉強し、その結果として獲得した英語パターンなのである。

だから、私たちは［th］の発音は舌を上歯と下歯の間で摩擦する歯間摩擦音［θ］と教わり、そう練習する。そうできるようになればけっこう、ただしできなくて［s］で代用してもかまわないという考えである。最初から、［s］と教えるわけではない。インドでは［θ］と習うが、［t］や［f］とする人もいる。

シンガポールでも、"Can you speak English?"—"Can."／"Do you have a barber shop on this floor?"—"Don't have."と言うことがあるが、学校で"Can."／"Don't have."と教えるわけではない。学校では、"Yes, I can. I can speak English."／"No, we don't. We don't have a barber shop on this floor."と教える。

その理由は簡単である。規範的なパターンは一般的で、かつ応用がきくからである。学校で"Can."と習い、"Yes, I can."が変な英語だなどと思うようになっては困るのである。だから、シンガポール人は規範的パターンを認識している。それでも、彼らはときにより、シンガポールふうの言い方をする。そして、お互いにそれらを受容している。

それらを受容する根拠も明瞭である。まず、それらは変種内のみならず、異変種間でも十分に通じるということがある。次に、こういったノンネイティブ語法は現地の言語文化の影響を

受け、学習者にとって獲得しやすく、使いやすいのである。シンガポールの中国系の人々が"Have."とか"Don't have."と言うのは、中国語で「有」とか「没有」と言うことからきている。

●見えざる手

おもしろいことに、シンガポールで"Can／Cannot."とか"Have／Don't have."と言うにしても、"Are you a student?"／"Is he a businessman?"に対して、"Am."／"Is not."と言うことはない。"Yes, I am."／"No, he isn't."である。"Do you want to come to Japan?"に対して、"Do."とか"Want."とも言わない。

日本人も「東京に行く」を"I Tokyo to go."と言ったりはしない。日本人学習者で"I go to Tokyo."の構文を間違えたり、習得し損なう人はほとんどいない。非母語話者が英語を独自の方法で操作するとしても、それは一定の、制限された範囲でのことなのである。

言語学習は母語学習であれ、第2、第3言語学習であれ、無原則で行われるものではなく、一定のプロセスを踏んで進展する。人間は生物学的特徴として、頭脳のなかに言語習得装置みたいなものが生得的に組み込まれている。それはまるで見えざる手のように、言語学習を導くのである。

ここで、"I bought a pen and a notebook."をもとにして、いくつかの現象を見てみよう。これを疑問文にすると、"What did you buy?"となる。この操作の学習はそう難しくはないが、練習中に"What buy?"／"What you bought?"／"What did you bought?"のようなミスをすることもある。英語は日本語と違って、語順を変えて疑問文を作るので、慣れるまでこうい

うミスをおかすことが多い。

　しかし、興味深いことに、日本語で「あなたはペンと何を買いましたか」と言えるのに、英語で "What did you buy a pen and?" とするようなことはまったくない。また、日本語で「あなたは何とノートを買いましたか」とも言えるのに、英語で "What did you buy and a notebook?" とすることもない。もちろん、これらは英語として非文法的である。

　日本人が常に日本語の影響を受けているなら、練習中にこういう文を作っても、ちっともおかしくないはずである。ところが、日本人の英語学習の歴史のなかで、このような文を言った人はひとりもいないのではないか。なぜだろうか。見えざる手がそのような操作を禁じているからである。すなわち、人間のもつ言語習得装置はそのような言語形式を認識しないのである。

　このように、ニホン英語は日本人の言語文化の影響を受けた英語であるが、英語の形式を壊したものではない。どの言語もネイティブ・スピーカーがそのすべての可能性を使い切っているわけではない。ノンネイティブ・スピーカーはネイティブ・スピーカーが手をつけていない側面を開発しているともいえる。ニホン英語は他の非母語話者英語と同じように、母語話者英語の核の部分を取り入れ、周辺の部分にいろいろと手を加えたものである。重要な課題はその通用効率を高めることである。

● Better is the enemy of good.

　もちろん、自分の英語が万全であるということはあり得ない。常に向上の努力が必要である。しかし、それは現在の英語能力に追加するものである。だから、まずいまここにある英語能力を十分に使いこなすことが大切である。そういう運用のなかで、

今後何が必要かがはっきりとわかり、努力目標が見えてくる。

英語学習に完全主義は無効である。英語をマスターしたら使うというのではなく、使いながらマスターするという気持ちをもちたい。「日本の景色は美しい」と言いたいとき、「景色」は何だっけと考えながら現在獲得している知識をいろいろとさぐり、"Japan is a beautiful country." と決める訓練が有効である。

日本人は、ほぼ全員、中学校と高校で6年間も英語を勉強する。そこで国民的に費やされた時間とエネルギーは膨大なものである。その努力を安直に無駄にしてはならない。私たちひとりひとりはかなりの英語能力を身につけている。私たちはそれをネイティブと同じようには使えないかもしれないが、それは有効な伝達手段とし得るものなのである。

私たちは世界の人々との出会いと、交流のために英語を勉強している。その努力のなかで、自分たちにとって学習しやすい英語のパターンを発見し、広域コミュニケーションに役立つ言語を獲得しなければならない。英語をマスターすることは英語のマスターになることであり、英語のスレイブになることではない。そのためには、私たちの統御できる英語をもつことが肝心である。

それがネイティブの英語と違っていても、一向にさしつかえない。大切なことは、世界の人々との交流である。イタリアの諺に、Better is the enemy of good. というのがある。よりよいものを求めることはけっこうだが、いまここにあるよいものを犠牲にしてはならない、といった意味である。異文化間交流について、そしてその言語について、言い得て妙である。

●等距離の英語

　日本人がニホン英語を確立し、それを国際的場面で積極的に運用することの意義は大きい。日本人がニホン英語を話せば、どの国の人、どの民族の人に対しても等距離の英語を話すことになる。日本人はアメリカナイズされているといった、揶揄・嘲弄を避けることができる（図1参照）。

　私たちはアメリカ英語を見本にしているが、実はそのアメリカ英語にも民族、地域、階層、世代などの社会的変数を反映した多様な変種が存在する。私たちはそのなかから、一般アメリカ英語（General American）と呼ばれる変種を選択して学習している。これは要するにワスプ（WASP＝White, Anglo Saxon, Protestant）の英語のことである。

　日本人がこのような態度をとるのは、私たちのアメリカ社会観からくる。私たちはアメリカが多民族、多文化、多言語社会であることは認識しているが、その社会統合モデルはメルティング・ポットで、複雑な民族、文化、言語の違いはいずれ溶けてなくなり、最終的にはWASPの規範に同化するものと考えている。

　ところが、アメリカで"The melting pot didn't melt."（人種のるつぼはそのとおりにならなかった）といわれて久しい。国民は社会統合モデルとして、ワスプ同化主義に代わって、多文化複合主義を選択しようとしている。つまり、サラダボウル社会の発想である。人口移動推計から見ても、アメリカでは2056年に白人が過半数を割るといわれている。こういう状況はもうすでに、いろいろな都市で発生している。

　そこで、たとえば日本企業は今後アメリカに進出するにあた

って、ワスプ中心に考えるのを修正し、いろいろな民族グループと平等につきあう方法を身につける必要がある。日本人ビジネスパーソンが白人英語の真似をしないで、ニホン英語を使うのも、そのひとつの方法である。日本人がニホン英語で通せば、どの民族グループとも等距離の関係を保つことができる。

　日本人ビジネスパーソンはアメリカからインドやマレーシアなどに転勤になったとしても、このニホン英語で通すことができる。もちろん、行く先々でいろいろな影響を受けるだろうが、それはその英語をリッチなものにするのに役立つ。大事なことは、私たちはニホン英語を話すことによって、日本人であることを示しながら各国の人々と等距離の関係を築くことができるということである。

　実際、多くのビジネスパーソンは英語をこのように使っている。ただし、その英語がネイティブのと違うために、いつも引け目を感じてしまう。私たちは、日本人にとってニホン英語は英語の正しい使い方のひとつであることを、認識しなければならない。それは英語の国際化と多様化の論理に合致しているのである。

● 言語意識を高める

　このような世界諸英語の運用を広く普及させるためには、その有効性と通用性を強化し、保障する方策が必要である。とくに有意義と思われるのは、各国の学校教育カリキュラムのなかに言語に対する意識を高めるプログラムを導入することである。これはTeaching Awareness of Languageと呼ばれ、イギリスやヨーロッパの学校で盛んになりつつある (Hawkins, 1984)。

　教育関係者は1990年代に入ると、この一種の教育改革運動を

図1　ニホン英語はどの民族とも等距離

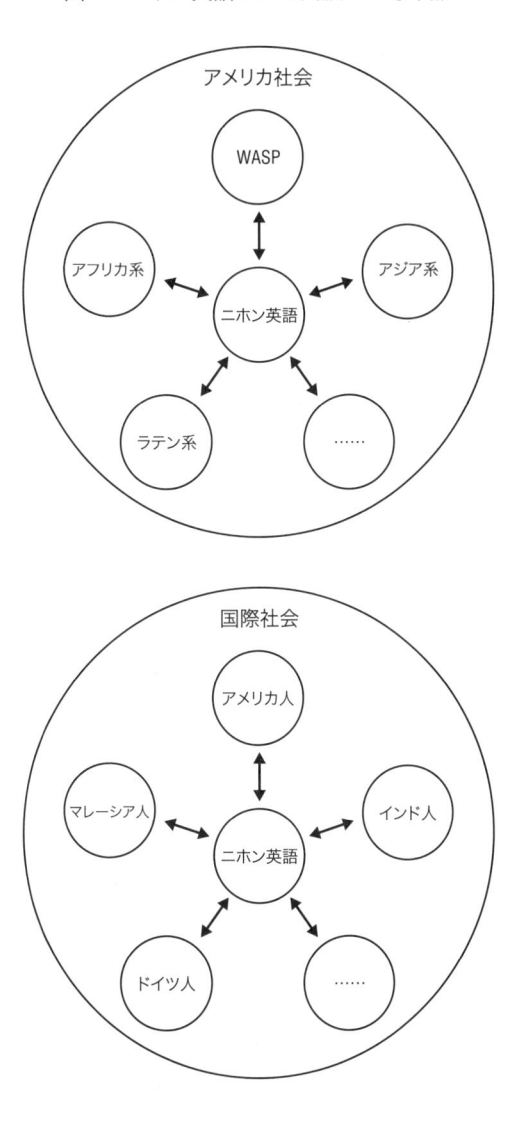

アメリカ社会
- WASP
- アフリカ系
- アジア系
- ラテン系
- ……
- ニホン英語

国際社会
- アメリカ人
- マレーシア人
- インド人
- ドイツ人
- ……
- ニホン英語

ますます重要視するようになり、いまでは*Language Awareness* (Clevedon, UK : Multilingual Matters Ltd) という国際専門誌も出ている。日本やアジアの他の国々でも、こういった教育プログラムを開発すべきである。

このプログラムでは、ことばの働きに注目し、その特徴を一般的に理解する態度を育成しようとしている。こういった訓練のなかにぜひ入れてもらいたいのは、メタファー（metaphor 隠喩）に関する勉強である。メタファーはある事柄を他の事柄にたとえる働きである。これは人間の「認識と表現」の特徴として普遍的であり、きわめて重要である。

人間は原初的で具体的な経験をもとにして、深淵で抽象的な経験を把握し、そして表現する。人生を旅にたとえたり（「社会人としての門出を祝う」「ソバ職人として再出発する」）、時間の経過を川の流れにたとえる（「時代を下る」「時間を遡る」）のは、その一例である。

従来、多くの国々で、メタファーは文芸用語として扱われ、小説や詩歌を分析する手段とされてきた。しかし、上の例からもわかるように、これは日常生活のあらゆる分野でなされる操作なのである。人間は事象間に存在するさまざまな類似性を認識し、それを基礎にして相互を関係づける。

身体部位に目を移そう。人間はこれらの名称を使って、それに関連したいろいろな事柄に言及する。たとえば、日本人は「頭」「胸」「腹」などを「容器」にたとえ、それぞれ違った「内容」を収めている。頭には知識（「何でもかんでも頭に詰め込む」）、胸には思い（「恋心を胸に秘める」）、腹には情念（「今日のことは腹に収める」）を入れるのである。

もし世界の人々がメタファーの働きについて、しっかりとし

た知識をもっていれば、"He has a black belly."（腹黒い）とか"I can't read his belly."（腹が読めない）と日本人が英語で言っても、驚くことはないはずである。bellyはcontainerであり、その中味がblack（黒は悪）*1であること、またそのなかに書かれているものが読めない（すなわち考えがわからない）ことが理解され、コミュニケーションは十分に成立する。

またメタファーの一種であるメトニミー（metonymy、換喩）も、学習項目に入れておきたい。これは主として、部分で全体を示す方法である。「手が足りない」「口減らし」では「手」「口」が「人」を意味している。世界の人々がメトニミーのことを理解していれば、便利なことがたくさんある。

日本人が「窓から顔を出さないでください」のつもりで、"Please do not put your face out of the window."と言ったとしても、めずらしがったり、おもしろがったりするかもしれないが、この言い方を間違いとか、非合理的とは思わないだろう。「顔」が「頭」の代わりをしていることは、すぐにわかるはずである。

メタファーやメトニミーの異文化間理解はそう困難ではない。"save face"（面目を保つ）や"lose face"（面目を失う）は中国語から英米英語に入った表現だが、現在は世界の人々が使っている。その他、faceには「表面」「書類の文字どおりの意味」「書体」「地形」など、たくさんの隠喩的、換喩的意味があり、広く理解されている。

日本人もこういう認知表現の現象についてよく知っていれば、英米英語やその他の英語のいろいろな言い方の由来を想像する

---

*1 「黒」を「悪」にたとえるのは政治的に正しくない。第4章のPC語の項目を参照。

ことができ、英語を知的に学習することができるようになるだろう。muscle（筋肉）が「勢力」「影響力」に拡大していることに気づけば、military muscle（軍事力）とか"political muscle"（政治的影響力）の言い方も納得できる。

英語を国際言語として認識し、振興し、教え、学び、使用するためには、こういったことを含めて、さまざまな努力が必要である。それは世界的規模でなされなければならない。世界各国の人々が母語を基礎として、ことばの機能の重要な事柄を学ぶシステムをつくれば、世界諸英語はその文化的多様性を維持しながら、通用性の高い国際言語の役割を確実に果たせるようになるだろう。

●日本人とアジア英語

私たちはニホン英語を非母語話者英語、あるいはアジア英語のひとつと考えると、英語について積極的に取り組むことができるようになる。たとえば、英語はアジアの国内、国際言語であるとしたら、日本人もその振興に大いに貢献すべきだろう。ODA（政府開発援助）を使って、アジア諸国の英語教育の発展に協力するのもひとつの方法である。

アジア諸国で学生の英語学習熱は強まっているが、優秀な教師の数は少ない。日本のODAでアジアの英語教師養成を援助できないだろうか。効果的な英語教育プログラムの開発を助成できないだろうか。遠隔地教育のための教師派遣に協力できないだろうか。私たちは何らかの方法で、アジアにおける英語コミュニケーションの発展に貢献すべきである。

事実、日本のNGO（非政府組織）のグループで、ベトナム、カンボジア、ラオスなどで、現地の子どもたちに英語を教えて

表1 ふたつのパラダイム

①現在のパラダイム	実現可能か	望ましいか
アメリカ英語モデル	No	Yes
ニホン英語モデル	Yes	No
②修正パラダイム	実現可能か	望ましいか
アメリカ英語モデル	No	No
ニホン英語モデル	Yes	Yes

いる日本人ボランティアがいる。教科書、ノート、筆記用具すら十分にない状況でも、子どもたちは学習意欲が旺盛で、教えるものを片っ端から飲み込んでしまうそうである。アジア諸国の英語教育に日本が積極的に協力する道は、いろいろあるに違いない。

　以上に示したように、日本の英語教育（学習）モデルの問題は重要である。モデルの選択は、どちらが実現可能か、そして望ましいかで決められる。日本人は、従来、
① アメリカ英語モデルを求めてきた。しかし、その目標を達成することは非常に困難であり、かつ望ましいことでもない。
② 今後はニホン英語モデルの方向に意識を変換しなければならない。これなら実現可能である。ニホン英語もまんざら捨てたものではない（表1参照）。

　英語の国際化と多様化は表裏一体である。世界の人々は、そのような傾向を受け入れ、英語に対してかなり自由な認識をもっている。私たちも「ニホン英語」を肯定的に考える論理を持たなければならない。日本人はその論理を確立すれば、英語を

発信型コミュニケーションのなかで、異文化間理解の言語として運用する能力を本格的に育成できるようになるだろう。

　そして、さまざまな文化的背景をもつ人々が、いろいろな英語を使って多様な価値観を表現するなかで、ネイティブもノンネイティブも英語の新しい規範を創造することになろう。日本人も英語を異国の言語と考えてはならない。私たちは英語を国際言語として振興するのに、それなりの役割を果たすべきである。

異文化間理解とコミュニケーション

●日本型コミュニケーションの言語構造

　私たちの英語学習の主な目的は異文化間理解とコミュニケーションにある。それは民族文化の異なる人々との出会い、交流にあたって、相手の行動規範をその文化的背景で理解すると同時に、自分の行為を合理的に説明する営みといえる。相手の立場が理解でき、さらに自分の立場を説明できれば、必要に応じて相手の立場を受容することができるし、相手に対して自分の立場の理解を求めることもできる。

　この意味で、異文化間理解とコミュニケーションは双方向の相互作用である。しかし、日本人はどちらかというと、これらのことを相手の行動パターンを学習することと思ってきた。その結果、自分の規範を相手に説明することが苦手である。これは日本語を使っても英語を使っても同様である。ここでは、その根底にある日本人の言語観を分析し、説明型コミュニケーションのあるべき姿を示したい。

　事実、日本人の異文化間理解とコミュニケーションにとって一番大切なことは、自分の行動パターンを相手に説明する努力なのである。ところが、ここでネックになるのは、日本人の「察しの文化」である。[*2]「察し」とは、集団の成員が多くの了解事項を共有しているところに成立するコミュニケーションの様式である（表2参照）。これは対人関係と社会組織の認識と深く関連する。

[*2] ホール (1979) はこのことをハイテキスト・ローコンテキストという概念で一般化している。本名信行 (1993) も参照。

了解事項の共有意識に支えられ、「察し」の働きに依存すると、詳しく説明しようとする気がなくなる。話し手や書き手は、自分が知っていることは他人も知っていると思いがちなので、何も知らない人を対象に物事を順序正しく正確に説明することが、うっとうしく、面倒になるのである。

　そして、「一を言えば十がわかる」または「言わなくてもわかる」ような人間関係を重要視することになる。気がきく人は重宝がられ、察しの悪い人はうとんじられる。「そんなこと、言わなければわからないのか」という叱責すらある。これは "You never told me." とか "I was not told." の叱責と対極をなす。

　こうなると、ことばの役割は最小限に抑えられる。ことばをまったく使わなくても、用事を済ませることができる場合もある。多くの母親は子どもが冷蔵庫の前に立っただけで欲しいものを察して、それを与える。このようにして、子どもはことばをまったく使わなくても、意志を伝達する方法があることを知るのである。

　ことばが十分に機能しないと、ことばは必ずしも真意を伝えないという意識が生じる。相手の言い分がことばどおりでないと感じれば、「まあそう言わずに」と真意を探らなければならない。また、もうひと押しすれば気持ちを変えさせることができるとふめば、「そこをなんとか」と迫ることができる。

　自分の知っていることは相手も知っていると思い込むと、本来必要な説明を省略する結果になる。ある温泉の貼紙に、「お湯のなかで白く濁るのは湯の華ですので、ごゆっくりお入りください」というのがあった。「湯の華」が何であるかを、都会からくる若者が知っているはずという前提に立っている。

　これは伝達行為において、意味の解釈を相手に委ねるパター

表2 「察し」による言語コミュニケーション

```
0 察し
  （了解事項の共有）
       ↓
1 言語の役割：制限的
  「言わなくてもわかる」
       ↓
2 表現の形式：非説明的
  「お湯のなかで白く濁るのは湯の華ですので、
   ごゆっくりお入りください」
       ↓
3 統語の方法：縮略的
  「私は社長だ」
```

ンを形成する。話し手が事柄を明示的に説明するのではなく、聞き手の察しに依存するのである。話し手は工夫をこらし、入念な表現を考える必要はない。不十分な言い方であっても、聞き手が気をきかして、間隙を補ってくれるはずなのである。以心伝心である。

また、統語は縮略的になる。共通の了解があれば、これで一向にかまわない。会社などでは、上司が「どう？」と言えば、部下はプロジェクトの進行について適切にして手短なコメントを返す。ひとりが「例のもの」と言えば、だれもがその意味がわかる。「何ですか」と聞き返す人はまずいない。まさに、阿吽の呼吸である。

このことは文法化されている。「AはBだ」の構文はいろいろな構造の縮略形である。「私は社長だ」は文字どおり、社長の地位にあることを示す以外に、「社長を支援する」「社長の奥さんの手料理がいい」「社長の葬式に参列する」などと、実に多

くの意味を伝達することができる。解釈は状況を察するなかでなされるのである。

しかし、このような日本人の伝統的な言語使用の様式は、同じ日本人同士の間でも、だんだんと不便になってきている。生活や価値が多様化し、察しがきかなくなっているのである。暗黙の了解事項が少なくなり、ことばをフルに使って説明することが必要になっている。これは、日本人の言語生活の新しい課題といえよう。

●日本語から英語へ

そして、このことは外国人とのコミュニケーションに完全にあてはまる。違った文化的背景をもつ人々と交際すると、どうしても了解事項に差異が生じる。そこで、合理的に、明示的に説明しなければならなくなる。これはとてもやっかいなことであるが、異文化間コミュニケーションにはつきものなのである。

こういう面倒なことがあるから、国際交流などといった難しいことは専門家とか有資格者にまかせればよい、という意見もある。しかし、いまや外国人との出会いや交流は専門家だけの仕事ではなく、市民レベルで日常に生じる出来事になっている。また、そうでなければならないのである。

説明は説得とは違う。こちら側の考え方、感じ方を相手に提示できれば成功である。質問に沈黙で応えるのはやめたい。相手の了解を前提とせず、順序正しく説明する態度を習得したい。このような過程を積み重ねると、お互いにいままで気づかなかった自分を知るようになる。異文化間コミュニケーションとは、そういうことを自覚する経験でもある。

私たちは以上のことをまず日本語で十分に訓練しなければな

らない。日本語を効果的に使うことのメリットは大きい。第1に、日本語を学ぶ外国人に日本語で日本人の感じ方や考え方を説明できることである。第2に、日本語で十分に説明する習慣がつくと、それを英語に移行できるのである。

前述したように、英語は日本人が日本人であることを示す国際言語である。だから、日本人は日本式に英語を使っても一向にさしつかえない。日本式発音でも十分にいけるし、日本式表現も魅力的である。文は短く、構文は単純でも、いろいろと重ねていけば、かなり複雑なことも言えるはずである。

大事なことは、物事を合理的に説明し、明示的に表現する姿勢である。日本語でそのような訓練をしていれば、英語を使うときにも態度を変える必要はなくなる。もちろん、英語学習にもそのような訓練を導入すべきであろう。そして、英語を普段着とする気持ちを育成しなければならない。

●少しずつでも取り組もう

ここで、以前にワルバーガー・フォン・ラフラー＝エンゲルさんと交わした会話を思い出す。彼女は異文化間理解とコミュニケーションの専門家として、世界中で知られた学者である。教授職はすでに引退されているが、相変わらず、異文化交流の現実の問題に深い関心を抱いておられる。

彼女はテネシー州に在住しているため、もっぱらの関心事は同州に進出した日本企業のコミュニティ関係であった。「このままでは日本人の評判は悪くなる一方ですよ」と彼女は悲しそうな表情で語った。「日本人は日本人でかたまってしまい、アメリカ人とつきあおうとしないのです」

とくに、アメリカ人と日本人の主婦同士の交流がほとんどな

されないようだった。パーティーに誘っても出てこないし、呼んでもくれないという。「日本の奥さんはそういうことに慣れていないので、つい億劫になるんですよ」と説明しても、ついに納得してもらえなかった。「交じり合おうとする態度が大切なんです」と彼女は強調した。

これはアジアにおいても同じである。アジア諸国に出かけている日本のビジネスパーソンの家族で、現地の人々と個人レベルで親密な関係を築いているケースは、期待されるほど多くはない。人間関係や生活習慣の違いがあるため、外国人との交際をうっとうしくさせるのである。もちろん、自分の英語に自信をもてないということもある。

日本人はどうも完全主義的なところがある。しくじってはならないと気を遣うあまり、英語をしっかりと身につけて、相手のことをよく理解してから、つきあいを始めようと考えがちである。しかし、こういった態度では、どんな場合でもなかなか出発点には到達しない。現在できるところから、すぐに開始すべきなのである。

異文化間理解とコミュニケーションは、どちらか一方が常に他方に順応同化することではない。それは相互理解を求めるさまざまなステップなのである。だから、いつも完全無欠ということはない。「私だってイタリア訛りがあるでしょう」と言って、彼女は片目をつぶって見せた。そう、"Better is the enemy of good."というイタリアの諺を教えてくれたのは彼女であった。

英語で「日本」を説明する

●英語のホームページ

　日本は理解しがたい国（Japan is an inscrutable country.）と外国でよく言われる。日本人は何を考えているのか分からないという、かんばしくない評判もある。それは私たちが外国の人々に英語で十分な情報を伝達せず、外国人が日本のことを知りたくても、なかなかうまくいかない状態にしてきたからであろう。

　官庁、企業、その他の団体は、まずは英語のホームページを作成し、世界の人々を対象に自分たちの活動を大いに広報すべきである。また、求められる情報を公開すべきである。最近の例としては、人々がSARSに多大の関心を寄せていた時期、厚生労働省の英文ホームページにはその情報が十分になかった。日本の取り組みを紹介して、来日を計画している人々に適切な情報を提供すべきであった。私たちは英語下手を理由に、自分の感じ方、考え方を英語で発信することを避けてきた。政府や企業も似たり寄ったりで、英語による情報伝達を怠っている。

　私たちはこの状態をいつまでも続けていくわけにはいかない。日本の企業や人々は国際関係をもたざるをえなくなっており、国際言語としての英語を使って、積極的なかかわりを工夫しなければならない。

　インターネットの発達で、いろいろな目的のためにホームページを利用する人が増えている。ホームページは起業やビジネス情報の発信には欠かせない。インターネットの普及により、大企業も中小企業も平等の広報手段をもったと言える。これを

有効に利用するかしないかは、ビジネスに大きな違いをもたらす。

広範囲に情報を伝達するためには、英語のホームページは必須である。とくに、中小企業はこれを大いに活用すべきであろう。自動車や家電などの部品メーカーは大企業の系列廃止で苦労しているが、優秀なメーカーであれば、これを機に世界の市場に参加できるのである。そのためには、自社製品の優れていることを英語で発信しなければならない。

日本の伝統産品を扱う企業も、世界の消費者を相手に勝負することができる。地酒や浴衣のメーカーがしかるべき英文ホームページで、興味深い商品情報を提供すれば、商売はもっと進展するだろう。小さいが小回りのきく企業ほど、E-ビジネスを有効に取り込むことができる。

輸入食料品店でBowmore Coarse Cut Orange Marmaladeというのを見つけた。私の好きなシングルモルト・ウィスキーのボウモアに浸けてできたマーマレードである。瓶にはウェブ情報が記載されていた。アクセスしたところ、実に興味深い情報があり、購買意欲をそそられた。残念なことに、本商品に日本輸入業者のウェブサイトの記載はなかった。

日本の商品にメーカーや卸業者のホームページが記載されており、それが英語でも有効に機能していれば、世界の消費者にとって便利なことがたくさんある。もちろん、情報提供側にとっても同じである。英語は国際言語だから、日本人のことばでもある。日本は国力として、英語を駆使する能力が求められる。

カナダのコミュニケーション学者M・マクルーハンは「メディアはメッセージである」(The medium is the message.)という名言を残した。多様なメディアの発達した現在ほど、この

公理があてはまる時代はない。英文ホームページがないというだけで、この会社は国際性に関心がないというメッセージを伝達してしまう。

また、英文ホームページを粗末に扱えば、それだけで好ましくないメッセージを伝達することになる。日本語を通さなければ英語のホームページに入れないなどということであれば、英文ページは存在しないのに等しい。これは前述したように、自分のすることは他人もするという前提共有意識の反映なので、外国人の立場に立ったコミュニケーションの方法を考えなければならない。

文字化けが多いのも問題である。ある専門機関の調査では、企業英文ホームページの45％に文字化けがあるという。文字化けはウェブサイト構築の技術的未熟さにもよるが、根本的には英文読者の観点に立って考えるという、異文化間コミュニケーションの態度が希薄であることに起因する。

ウェブサイトの更新が遅いのも、残念である。企業の英文サイトの75％は1カ月以内に更新されていないと言われる。アップデートするのが遅いと、この企業は業績を前進させていないというメッセージを伝達しかねない。官公庁や地方自治体のホームページでも、このことには大いに気を配る必要がある。

もちろん、スペル、句読点、文法のミスは極力避けるべきである。ただし、これは多分に程度の問題であろう。場合によっては、完全でなくても、利用価値があるものもある。日本旅館や民宿の英文ホームページではときどきミスを見かけるが、それでもそれは外国人に重宝がられており、それを頼りに日本旅行を楽しむ旅行者も多い。

●説明型コミュニケーション能力の育成

　いずれにしても、これからの日本の企業は大小を問わず、本質的に国際的でなければならないので、英文ホームページの整備は急務である。その他の団体も同様であろう。企業や官公庁は英語ができる要員を大いに育成し、その人的資源を適切に評価すべきである。また、語学やコミュニケーション業界はこれらの英語ニーズをもっと開拓して、英語情報の発信をアシストすべきであろう。

　もちろん、どのビジネスにおいても、それに適したホームページを作成するには、いろいろな困難が伴う。インターネットの対費用効果が十分に認識されるにつれて、英語とITと実務を兼ね備えた新しい専門職が誕生するかもしれない。学校の授業でも、いろいろな職業活動を想定して、英語のホームページを作成する練習をするとよい。

　一般に、私たちは日本のことを外国人に語るのが、どうもおっくうなようである。日本文化はまったく独特のもので、これを合理的に、あるいは一般的に説明することは不可能であり、外国人にはとうてい理解できるものではないと信じているふしさえある。これはどうみても、困ったことである。

　外国の人々がせっかく日本人を理解しようと努力し始めたときに、日本人の方が相変わらず、狭い殻に閉じこもっていたのでは、何にもならない。たしかに、自分の何気無い行動を合理的に、明示的に説明するのは、やっかいなことである。しかし、それは異文化との出会いでは避けて通ることはできない。

　異文化間理解とコミュニケーションは、相手のパターンに同化することではない。もちろん、自分のパターンを相手に押し

図2　異文化間コミュニケーションの3要素

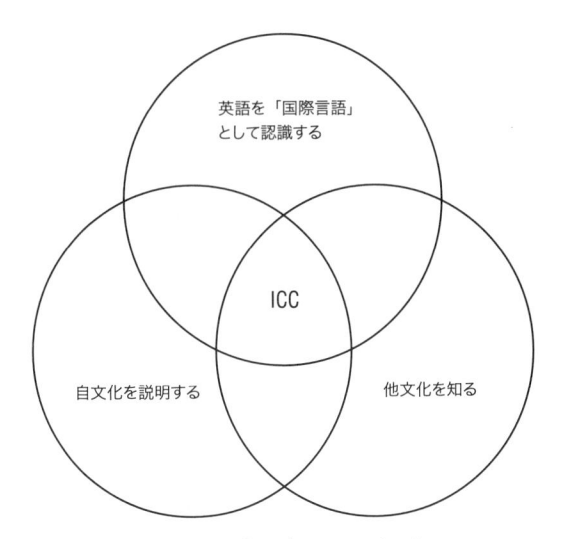

```
        英語を「国際言語」
        として認識する

              ICC

  自文化を説明する      他文化を知る
```

ICC: Intercultural communication

付けることでもない。異文化間理解とコミュニケーションは、民族文化の異なる人々との交流にあたって、相手の行動をその文化的背景を含めて理解すると同時に、相手に対して自分の行為を合理的に説明する営みである（図2）。

　文化的背景の異なる人々と交際すると、いつもいろいろな行き違いを経験する。日本人はこのような状況では、相手の規範に順応することを善しとしてきた。クリスマスカードを出す人は多いが、年賀状を出す人は少ない。相手に年賀状の習慣がないからといって、遠慮するのである。日本人はさまざまな場面で、こういった態度をとっている。

　相手のパターンにただ合わせようとすると、どうしても部分的な理解になってしまう。相手のシステムの全体を早急に、し

かも正確につかむのは非常に困難である。だから、交流を促進するためには、常にそのような努力をはらいながらも、自分の立場をできるかぎり客観的に、そして普遍的に述べることが効果的ではなかろうか。

お互いに相手の言い分をよく聞き、同時に自分の気持ちを適切に表現できれば、交流はとにかく進展する。その過程で、ときには相手の立場を意識的に気遣うことにもなるだろうし、自分に対する配慮を強く相手に求めることにもなるだろう。また、両者の立場が相反するときには、両者が協力して相違点を認識し、妥協点を発見する方向に向かうこともできるだろう。

●契約の概念

契約文書を事例として考えてみよう。日本人は、アメリカ人とのビジネスを通して、アメリカ人は雇用関係の成立にあたって契約書を交わし、それには重要な労働条件が全部明示され、いったん契約書に署名したら、どんなことがあってもそれを遵守することが求められると信じているふしがある。

日本の会社や組織は、このような教訓をもとに、アメリカ人を雇用する際に雇用契約書を準備するが、その中には興味深い現象がたくさんみられる。たとえば、日本人が日本で経営する外国語学校で、アメリカ人をはじめとする外国人教師を雇用するために用意した契約書には、次のようなくだりがある。

I will work to understand the Japanese culture, respect Japan's national character, and familiarize myself with Japanese customs, so that I can work harmoniously with the Japanese employees.

私は日本文化を理解し、日本の国民性を尊重し、日本の習慣を学ぶように努力し、日本人の職員と和の精神をもって働くように努めます。

類似のものとして、このようなものもある。

I will strive to understand my duties and responsibilities, the definite plan of this organization, the different management customs, and the departmental standards as well as（the company's）remuneration methods.

私は自分の義務と責任、この組織の定める方針と他とは異なる経営習慣、そして部局の基準ならびに（当社の）報酬支払い方法を理解するよう努力します。

　これらの条項は、「日本の文化、国民性」とは何であるか、また「会社の方針、他とは異なる経営習慣、あるいは部局の基準」等が何であるかを、はっきりと示してはいない。しかし、雇用契約書にこれらの条項が挿入された理由は明白であると思われる。日本文化を理解しようとしないことなどを理由にして、解雇を正当化できると考えているのである。
　すなわち、日本人経営者は、アメリカ人にとって契約書は絶対的なものであるから、署名さえすればそこに書き込まれていることはすべて雇用条件になると信じていたのであろう。これらの契約文書は一般的にみて不適切であるが、アメリカ人の契約概念について日本人がもっている思い込みを反映していると言える。
　ただし、その思い込みは事実を反映しているわけではない。

アメリカの契約文書にも、あらゆる関連項目がすべて明示的に記載されているわけではないのである。アメリカにおける雇用契約書の就業規則（work rules）の条項をみると、金科玉条（golden rules）が前面に出ている。たとえば、次のような記述はごく普通である。

We seek to keep our rules to the minimum based on the belief that mature employees know what conduct is expected of them. Generally, when a problem does occur we provide direct and specific guidance.

当社では規則は最小限に抑える方針です。その理由は、成人した社員であればどういう振る舞いをすべきかについて十分に承知していると考えるからです。何か問題が生じれば、当社はそれについて直接的かつ特定的な指針を出すことにしております。

このような認識は日本人のものと大差ない。私たちは日本文化はすべて、まったく独特のもので、外国人にはとうてい理解できないと信じがちである。しかし、そんなことはない。私たちはまず自分の行動を見直して、それを合理的に、一般的に説明する習慣を身につけなければならない。異文化間ではこれが最大の力となる。

● 身近なことを意識することから

企業等の契約書類の英文起草などは法務部員や弁護士の仕事で、専門分野やESP（English for Specific Purposes、専門英語）の知識が必要である。そこで、私たちはまず、ごく普通の、日常的な事柄を外国人に分かりやすく英語で説明することから始

めてみよう。

　たとえば、外国の友人を行きつけの縄のれんに誘う。何気なく通っている場所だが、英語で説明するとなると、多くの事柄を再認識することになり、けっこう新鮮に感じられる。ふだん無意識でいることを、ことばで表現してみるのは、実に楽しいことでもある。それを楽しいと感じるためにも、自分のよく知っていることから始めるのがよい。

A small folksy-looking place is often called *nawanoren* as it has a straw rope curtain hung over its entrance to show that it is open. (When the curtain is missing or it is inside the sliding glass-door, the place is either closed or preparing to be open soon.) Such a place is also called *aka-chochin*, if it has a large lighted red-lantern at its entrance.

小さな庶民的な雰囲気をもった飲み屋は縄のれんと呼ばれます。入り口に縄で作ったのれんがつるしてあるからです。それはお店が開いていることを示します。これが見当たらないとか、ガラス戸の内側にあるときは、閉店か準備中かのいずれかです。入り口に大きな赤提灯がともされているならば、赤提灯とも呼ばれます。

　もちろん、最初は日本語で考え、徐々に英語で言う練習でもかまわない。

「縄のれんは、近所の住人や勤め人がひいきにしています。多くの場合、お客はお互いに顔見知りです。見知らぬ者同士であっても、すぐに友だちになります。人々は仕事を終えて帰宅する途中で、晩酌を楽しむために、こういった店に立ち寄りま

す。つい浮かれると場所をかえ、はしご酒になります。これは、はしごを一段ずつ上っていい気持ちになっていく姿を言ったものです」

A *nawanoren* place is patronized by ordinary people living or working in its neighborhood. In most cases, customers know one another. If they meet as strangers, they soon become friends. On their way home after work, people sometimes drop by one of those places to enjoy their *banshaku* (evening drinks). When in a festive mood, they may hop around from one place to another. This is pictured as climbing up a ladder step by step to a greater time.

もうひとつ、握手とお辞儀について。

アメリカ人にとって、握手は重要な挨拶、あるいは表敬行為である。お互いに手を開いて親指の付け根に触れ合うようにして、深くしっかりと握り合う。これは自分の尊厳と相手への敬意を表現したものと言われる。日本人の握手は握りが弱く、手を差し出すだけで、握りを相手に任せる人もいる。日本人に慣れていないアメリカ人の中には、こうした日本人の握手を不快に思ったり、関係の拒絶だと解釈したりすることもある。こういった誤解を引き起こさないように、日本人の握手の仕方を、ことあるごとに説明してはどうだろうか。

Japanese people usually prefer bowing to handshaking. Actually, bowing is considered more polite and formal than handshaking. Although some people shake hands with casual friends, they do so in the Japanese way. While they shake hands, they may bow and even salute with the other hand at the same time.

日本人は普通、握手よりも、お辞儀のほうを好みます。握手よりも、お辞儀のほうが礼儀にかなった、正式の作法とされています。気さくなあいだがらでは握手をすることもありますが、その場合は、日本式になります。お互いに一方の手を握りながら、おじぎをしたり、別の手で敬礼したりします。

「ビジネスの世界では、日本人もアメリカ人と握手をしますが、これはアメリカ人のマナーに合わせているのです。しかし、日本人の握り方はアメリカ人のように強くありません。日本人は握手の習慣を、日本人の身体接触の方法に合わせて採用しているにすぎません。日本人は普通、身体を強く触れ合うことはしません」

In business interaction, many Japanese shake hands with Americans in an effort to accommodate themselves to the Western greeting manner. Yet they do not grip as firmly as Americans are expected to do. Japanese have adopted this greeting ritual in accordance with their traditional norm of body contact behavior. Japanese normally are not used to intensive bodily contact.

英語は仕事のことば

● English for Specific Purposes

　私たちの英語学習の目的や目標はまったく自由であり、人によって実にさまざまである。英語の勉強を趣味としている人もいるし、英語の書物を読むことを楽しみにしている人もいる。しかし、今では多くの人たちが、英語を仕事の関係で使う。仕事のいろいろな面で英語を必要としているのである。

　英語ができると、仕事はずっとはかどる。これは日常的な業務の遂行だけのことではない。世界のいろいろな人々と英語で交流することができると、仕事の幅が広がり、奥行きが深まる。異文化の人々と気軽に言葉を交わし合うなかで、新しいビジネスの発想が生まれる。また、新しいビジネス・チャンスをものにすることもある。

　だから、仕事で役立つ英語を習得しなければならない。仕事のいろいろな場面を常に意識して、そこで必要な英語の使い方を勉強する。そして、学んだ英語は仕事に生かす工夫をしなければならない。それでなければ、宝の持ち腐れとなってしまう。こういった努力は、高校や大学で学んだ英語の知識を応用すれば、そう難しいことではない。

　こういった英語に対する考え方は、English for Specific Purposes（ESP、専門英語）と呼ばれる。これは職業上の実利英語と言うこともできる。職業人の英語学習には欠かせないと同時に、学校の英語教育でも有効な概念である。英語は各人の仕事の重要な道具なのである。

　ESPは、EAP (English for Academic Purposes) と EOP

図3 仕事で使う専門英語：ESP

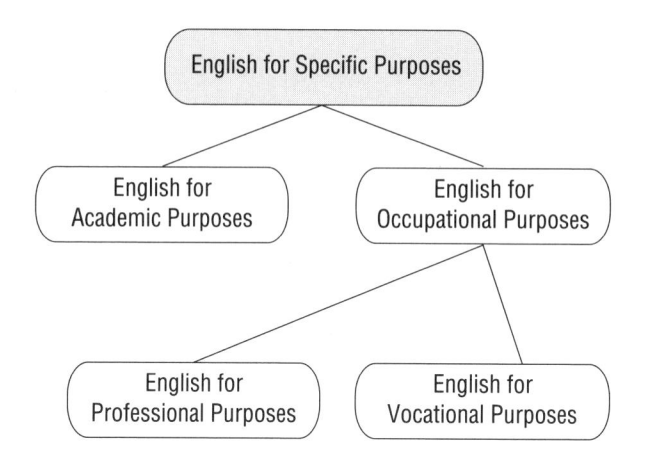

```
                English for Specific Purposes
                   /                    \
         English for              English for
     Academic Purposes       Occupational Purposes
                              /              \
                     English for          English for
                 Professional Purposes  Vocational Purposes
```

(English for Occupational Purposes) に分類される。前者は学問・研究を目的として、科学技術、医学、法律、経済、金融、経営などの分野で必要となる。たとえば、厚生労働省で鳥インフルエンザ対策に携わる関係者は、何はともあれ、その分野の英語文献を読みこなす能力が求められる。

後者は職業上の目的を考慮に入れたもので、生産管理やマーケティングなどを対象としたEPP（English for Professional Purposes）と、接客やセールスなどを対象としたEVP（English for Vocational Purposes）に分けられる。企業の英語研修では、こういった専門別の訓練がもっと求められる。

学校では、英語の基礎を固めることが大切なので、EGP（English for General Purposes）が中心となる。それでも、日ごろ目にする職種に関連して勉強すると、生徒の学習モチベーションが高まる。お寿司屋さん、銀行員、警察官、あるいはゲ

ームソフトメーカーなどのロールプレイをしながら、英語を使う場面をシミュレーションすれば、英語を使うことの重要性もよく理解できる。

大学では、自分の専門とする分野のことに英語で対処する訓練が必要である。英語は単に英米文化を理解することばではなく、卒業後、仕事のなかでより広範囲に情報を獲得し、意思を伝達する道具となる。基礎的なコミュニケーション能力に加えて、専攻分野の内容を英語で読み書きする能力、話し聞く能力がどうしても必要になる。

● ノンネイティブこそESP

シンガポールから水中翼船で45分、インドネシアのバッタム島に渡ったときのこと。港に着くと、タクシーの運転手さんがやってきた。"Do you speak English?"と聞くと、すばやく"Yes, sir."と返事が返ってくる。行き先を告げ、料金を聞くと、しっかりとした答えがあった。

途中、左右の風景や建物を簡単に説明してくれる。あまり流暢とはいえず、片言のときもあるが、伝達には困らない。こちらの質問に答えて、島の産業や観光の状況を一通り説明してもらい、大助かりだった。英語を褒めると、"I speak English. I have more customers. English means money."と言っていた。

外国から日本に来た人の話では、成田空港で日本の運転手さんに英語ができますかと聞くと、はいと答える人は非常に少ないそうである。インドネシア人と日本人のこの違いは何に由来するのだろうか。日本人が謙遜で、インドネシア人はそうではないということなのか。それとも、インドネシア人は日本人よりも英語力があるのだろうか。

どちらも的を射ていないと思われる。ほんとうの違いは、英語観にあるのではないだろうか。インドネシアの運転手さんは、タクシーの業務が英語でできれば、英語ができると感じるようである。まさに、English for Specific Purposesの具体的な姿である。これはノンネイティブ・スピーカーとして英語を使う一つの方法なのである。

　日本の運転手さんは、あらゆることが英語で話せなければ、英語が話せるとは言えないと思ってしまうのではなかろうか。自分は英語の本は読めないし、英語の映画も分からない。だから、英語ができないと考えてしまう。しかし、日本の現在の英語教育の程度から言って、ちょっと訓練を受ければ、英語でさしわりなくタクシー業務が実施できるはずである。

　ノンネイティブ・スピーカーはネイティブ・スピーカーと違って、日常生活のすべてを英語でこなす必要はない。母語がちゃんとあって、それで重要なことを全部すませることができる。ノンネイティブ・スピーカーにとって、英語は限定的な役割を果たせばそれで十分なのである。

　こう考えると、日本の職業人の大多数は、英語を使う潜在的なニーズを持っていると言える。英語を使うようになれば、ビジネスは大いに進展するだろう。駅やバスターミナルやタクシー乗り場では、英語で応対できる人材を訓練し、その存在を広報すべきである。居酒屋などでも、英語の看板やメニューを作ったり、その中身を英語で説明できるスタッフを育てたい。

● 「英語が使える日本人」と企業の対応

　文部科学省は2003年3月に「英語が使える日本人」の育成を重点政策に掲げ、その行動計画を発表した。08年をめどに、

中学や高校の英語授業の大半を英語で行うことや、年間1万人の高校生が海外留学を経験すること、全教員が英語力アップの研修を受けることなどが盛り込まれている。

高校卒業時の目標の平均を「英検準2級から2級程度」に設定し、少人数指導や習熟度別指導などを積極的に導入する。行動計画は5年以内にその道筋をつけるというものである。これに伴い、英語教育を重点的に実行する「スーパー・イングリッシュ・ランゲージ・ハイスクール」(SEL-Hi) を05年度までに100校指定する計画もある。

指定校では、国際理解を課題に、週8時間（通常3〜4時間）ほどの英語科目を設け、アカデミック・リーディング、スピーチ、ディベート、エッセイ・ライティング、あるいは海外の高校とインターネットによるテレビ会議など、先進的な授業の研究開発をする。こういう学校では意欲のある先生と生徒が一緒になって、すでに優れた成果を上げている。

大学では、国際人として実社会で活動できる英語力をもった人材の育成が求められる。卒業時には当然、「英検準1級から1級程度」(TOEIC 730点) が目標とされているだろう。将来、こういった業績を基準とした大学の格付けも考えられる。学校の英語教育は今後、具体的な数値目標を設定し、いろいろと努力するなかで、ある程度の成果を上げるものと期待される。

問題は企業の対応である。企業では英語力の高い人材の必要性は認識しているが、大学卒業生を採用する際に英語力を評価の対象にしないところが多い。企業では昇進や配置では英語力を重視するところも増えているが、新卒ではこの限りではないところが多い。英語力絶対主義は適切ではないが、英語の力を十分に評価する考査は絶対に必要である。

文部科学省の「英語が使える日本人」育成の行動計画では、企業に対して、採用試験等では「仕事で使える英語力」の所持を重視するよう要請するとあり、同省でも職員の採用、昇進等ではこれを実行するという。企業も官庁も国際化を前進させるために、国際言語としての英語を使える人材が必要なのである。

　企業では企業内研修で、社員の英語力アップを目指してきた。しかし、日本の会社員の英語力の平均はTOEIC 450点程度と言われており、それを海外出張に必要とされる英語力の600点台にまでアップさせるには1,000時間もの研修を必要とする。これを企業が負担するのは、あまり実利的とは言えない。企業内研修ではESPのように、もっと実践的な側面に焦点を当てる余裕がほしい。

　このためにも、日本の国際企業は新入社員の採用にあたって、英語力を重視することが求められる。これはヨーロッパやアジア諸国では当たり前のようになっている。フランスのルノー社の社員のTOEIC平均は700点をはるかに超えている。韓国では、大手企業への就職は英語力なしには考えられない。若手のビジネスパーソンは英語に堪能な人が多い。台湾でも同様である。

● **いろいろな仕事といろいろな英語力**

　文部科学省の英語教育にかかわる重点政策は、具体的な方策を提示しており、今までにない意気込みが感じられる。企業も現実の国際ニーズに対応して、英語力の確保に明確な指針を示すことが期待される。もちろん、世間の仕事は実に多種多様で、英語力を必要としない職種もたくさんある。英語はそれを必要とする人が学べばよいわけである。

今まで日本人のほとんどが中学、高校と6年間も英語を勉強してきた。各人が自分の仕事を見直して、英語を使えば仕事がもっとはかどるということがあれば、英語にもう一度チャレンジしてみてはどうか。学校教育はその土台となる。必要な英語力は人それぞれで違う。英語はそれだけで価値のあるものではなく、自分なりに使えてはじめて有効なのである。

言語監査の実現に向けて

●企業と国際言語能力

　日本の多くの企業は、基本的に国際的な性格をもっている。国際情報の収集や国際市場への参加は欠かせない。その国際性を十分に理解し、有効に活用するためには、他国の人々と自由にコミュニケートできる人材を確保し、育成しなければならない。日本人だけで運営し、日本人だけを顧客としている必要はどこにもない。

　だから、企業経営の一環として、国際コミュニケーション戦略を詳細に検討する必要がある。そして、それを実行する強い意志をもたなければならない。このことは大企業だけにあてはまるのではない。むしろ、小回りの利く中小企業こそ、独自の国際コミュニケーション戦略を立てることによって、縦横無尽の活動が期待できるのである。

　企業の国際コミュニケーション戦略の中核は、社員の国際言語能力の育成である。各企業は業務の展開のために、必ず、国際言語能力を必要とする。国際言語である英語は言うに及ばず、タイと取引する会社ならタイ語能力をもつ要員が求められる。外国人を採用するところでは、その日本語能力も重要な資産になる。

　この意味で、日本企業が国際コミュニケーション戦略を立てるうえで、言語能力の確保がきわめて重要な目標となる。この言語能力の問題は次の3方面について考慮する必要がある（図4）。

(1)「国際言語」としての英語能力

国際コミュニケーションで、英語が有効なのは自明である。英語は英米人とだけではなく、世界中の人々とコミュニケートすることばなのである。英語は広域コミュニケーション言語 (language of wider communication) と呼ばれるが、それはこの広がりを指してのことなのである。英語を英米に限定するのは得策ではない。

たとえば、日中コミュニケーションでは、日本語や中国語よりも、英語を使う場合が多くなっている。これはどの国にもあてはまる。だから、英語は多国間コミュニケーションの言語としてきわめて重要であり、その運用能力をもつ要員を十分に確保することは、日本企業が国際コミュニケーション戦略を考えるうえでの最優先事項である。

(2) 外国語能力

しかし、どんな場合でも英語で間に合うと考えるのは現実的ではない。関連国の関係者がすべて英語が十分できるとはかぎらない。日本人社員で現地のことばができる人がいれば、現地の人々と広く接触し、現地の事情を深く把握することができるだろう。現地の人々とのコミュニケーションを確実なものにするのには、関連国の言語を駆使できる社員も求められる。

(3) 日本語能力

また、外国人社員の日本語能力も大切である。これは2方面で重要な役割を果たす。第1に、日本語ができる外国人社員は、日本人のこと、日本のことを理解し、それを出身国の人々に伝えることが期待される。日本(自社)のことを広く同国の人々に知ってもらうことは、日本企業の進展に大いに貢献する。

第2に、日本語能力の高い外国人社員は、現地の事情や現地

図4 日本企業に求められる国際言語能力

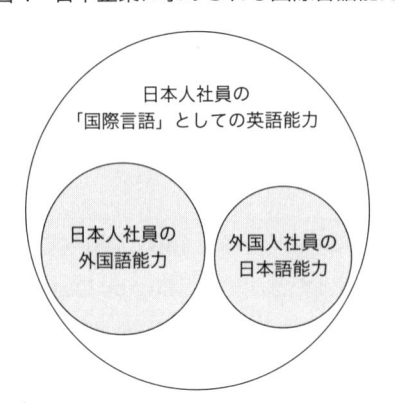

- 日本人社員の「国際言語」としての英語能力
  - 日本人社員の外国語能力
  - 外国人社員の日本語能力

の人々の考え方、感じ方を日本人に日本語で伝えることができる。これにより、日本企業の現地理解は深まり、現地状況に適切に対応することができるようになるだろう。外国人の日本語能力をこのような分野で、積極的に活用することが求められる。

ところが、日本企業は外国人社員の日本語能力を、あまり重視しない傾向にあるように思われる。シンガポール国立大学の日本研究学科を卒業して日本の大手銀行に就職した優秀なシンガポール人女性は、シンガポール勤務のときも、東京駐在のときも、重要な任務は与えられず、一般事務と、ときに上司の通訳をするしかなかった。

しかし、彼女が転職したフランスのメガバンクでは、彼女の能力を買い、対日戦略の要に取り込み、重要な任務を与えている。彼女は日本語能力と日本理解能力、そしてもちろん専門業務能力を活かして、日本企業分析、顧客獲得、マーケティングといった大きな仕事をこなしている。

外国人社員は出身国の事情を日本語で日本人社員に説明する

役割を与えられることにより、大きな貢献をするだろう。日本企業は彼らを大きな資産と考える態度が必要である。外国企業はこの面でしっかりとしたポリシーをもっているところが多い。「大人小用」は日本企業にとってマイナスである。

●言語監査の必要性

イギリスやヨーロッパでは、企業、官庁、諸団体機関等の言語対応に関する評価を言語監査（linguistic auditing）と呼ぶことがある（Koster, 2004; Reeves and Wright, 1996）。言語問題はきわめて重要であり、その対応評価は会計監査と同様に厳密に実行されるべきであるという観点から、この用語が使われている。日本でもこれを専門にする監査組織（会社）の設立が期待される。

企業は自社に関連した言語ニーズをどう認識し、それにどう対応するかについて、明確なポリシーをもつことが求められる。多くの社員が優れた国際コミュニケーション能力をもっていること、あるいはそれを高めるために社員教育が充実していることなどは、会社の信用につながる大切な要素である。

逆に、この方面で後れを取っている企業は、経営に大きな不備があると言える。企業の情報公開に関連して、知的な消費者と株主は、いずれこういった情報を求めるようになると思われる。日本企業はグローバルな展開を進めれば、世界的な関心の対象となるので、国際言語としての英語で、自発的に自己の活動を広く開示することが望まれる。

前述したように、日本企業の多くは英語のホームページひとつとってみても、言語対応が不十分である。海外から見ると文字化けがあったり、情報の更新が実に遅い。英語ホームページ

というメディアを大切にしないと、国際情報伝達に乗り気がないというメッセージを伝えてしまう。企業等は言語監査を積極的に取り入れることによって、言語対策の充実を図ることが求められる。

言語監査は、① 企業等の言語関連ニーズを分析し、② それに対応する現有能力を評価し、③ 必要に応じて改善策を提示し、④ そのプログラムを監督し、⑤ その成果を審査する。これらは、組織全体の見直し、新規事業の展開、新部門の創設、業績の不振、言語研修の改善といった、それぞれの時点で求められる。だから、言語監査は企業組織等の先見的、かつ改善的な取り組みだと言えよう。

日本企業で当面の監査対象となる言語能力は、先にあげた国際言語としての英語、ビジネス関係国の言語、そして外国人社員の日本語にかかわるものである。これは国際戦略の観点から考えてのものである。根本的には、社内コミュニケーション、あるいは消費者コミュニケーションを考慮にいれて、日本語技術の問題も検討しなければならない。

次に監査のフローを示す (図5)。
(1) ニーズ・アナリシス
企業がビジネスに関連して、どのような言語能力を必要とするかを、上記の3主要言語類に分けて分析する。当然のことながら、各部署のニーズは多様なので、業務に特化して分析するのが現実的である。現実的、かつ潜在的な言語ニーズを正確に把握して、それに沿った能力の確保、育成が費用対効果のうえで適切である。

図5　言語監査のフロー

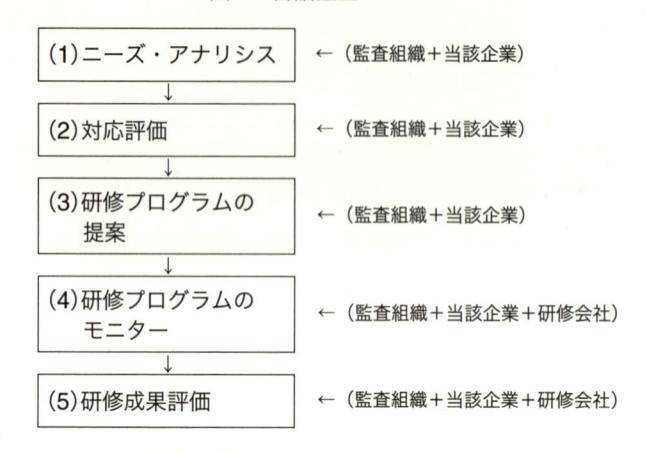

```
(1)ニーズ・アナリシス        ←（監査組織＋当該企業）
        ↓
(2)対応評価                  ←（監査組織＋当該企業）
        ↓
(3)研修プログラムの          ←（監査組織＋当該企業）
   提案
        ↓
(4)研修プログラムの          ←（監査組織＋当該企業＋研修会社）
   モニター
        ↓
(5)研修成果評価              ←（監査組織＋当該企業＋研修会社）
```

(2) 対応評価

言語ニーズに対応して、企業がどのような対策を講じているかを評価する。トップの言語意識や各部署の現有言語能力が、企業ニーズに即して詳細に検討される。もちろん、言語対策のアウトソーシングの方法や効力なども調査対象となる。これにより、企業の言語対応の長所、短所が明示される。

(3) 研修プログラムの提案

言語対応と現有能力が不十分である場合は、状況の改善を目的として、研修プログラムの提案を行う。また、人事配属が適材適所であるか、採用人事の要件などについても提案する。研修プログラムは部署業務、あるいは社員個人の業務ニーズに沿って設定され、専門業務のための言語能力の向上を目指す。

(4) 研修プログラムのモニター

言語監査は専門的に、かつ客観的に行わなければならない。このために、研修は言語監査組織（会社）ではなく、別の企業

研修会社が請け負うのが正当である。監査組織（会社）は、研修プログラムのカリキュラムと期待される成果目標を示し、企業に代わって研修をモニターするのが望ましい。

(5) 研修成果評価

研修期間の終了に伴い、期待される成果があがったかどうかを評価する。研修は企業の言語ニーズに対応する言語能力の確保、向上、育成を目的としているので、研修成果はその観点から評価される。言語監査は周期的に行われることが期待されるので、研修成果は新たな研修プログラム設定に常にフィードバックされ、企業の言語対応を段階的に向上させる道を開く。

●言語監査組織の設立

さて、日本では言語監査組織（会社）はまだ存在していないが、企業教育を対象とした外国語研修会社でそういう観点をもっているところもある。ある会社では、企業の言語ニーズ調査のために、世界経済動向、日本経済動向、企業経営戦略、グローバル経営、人材開発などをよく研究し、企業の外国語研修のなかで、社員の国際言語能力の育成に適切な成果をあげている。

こういったところでは、言語監査の意義を十分に理解して、監査部門を早期に設立することが望まれる。監査と研修は別会社が担当すべきであるが、現在の時点では、できるところからスタートすればよい。日本企業は、英語、現地言語、日本語を駆使して、世界と関連国の情報を集め、自社のメッセージを広く伝達しなければならない。言語監査はその有効な方法を確立する手段なのである。

同時に、言語監査を進めていくたびに、職業人は各人の業務に関連した英語能力を求められることがわかるだろう。日本人

は仕事の上で、アジアの人々と英語を使う率が高い。各人は仕事のなかで、現在また将来どのような英語力を必要としているかを自覚しなければならない。これからは、アジア英語の諸問題をESPの観点から再検討する必要がある。言語監査はその引き金になるので、きわめて重要な営みといえよう。

ペリー一行の久里浜上陸

第4章
日本人とアメリカ英語

　日本人は長らく英語をアメリカ人のことばと考え、アメリカ英語から強い影響を受けてきた。それは日本人の英語観だけでなく、私たちのものの言い方、感じ方、考え方にもおよんでいる。そこで、最後に、日本人とアメリカ英語のかかわりについて考えてみよう。私たちは一般に、アメリカ英語を見本として英語を学習する。ただし、それは自主的な取り組みでなければならない。

ダイナミックなアメリカ英語

●アメリカ英語と国際言語

　アメリカ英語はアメリカ人の文化と社会のなかから生まれたもので、アメリカ人同士がコミュニケートするのに最も便利なことばである。しかし、アメリカ英語は国境を越えて世界中で読まれ、聞かれるようになっている。もちろん、それは巨大なマスメディアの働きによるところが大きい。

　*Time*や*Newsweek*、あるいはアーサー・ヘイリーやシドニー・シェルダンの読者は世界中にいるし、CNNやハリウッド映画やポップミュージックの視聴者は国を選ばない。これらの言語製品の海外進出に伴って、アメリカ英語も世界的な展開を見せている。

　しかし、アメリカ英語が世界諸英語の代名詞になることはないだろう。世界の人々はアメリカ英語のダイナミズムを高く評価すると同時に、かなり危うげなところがあることも感じている。そして、自分の文化的伝統を根拠にして、アメリカ英語に対し共感と違和感を明確にし、多様な要素を取捨選択しながら利用しているのである。

　また、アメリカ人もアメリカ英語だけで国際的な関係を営むことを求めているわけでもないし、それが可能であるとも、望ましいことであるとも思っていない。アメリカ人は英語の世界的な普及は英語の多様化を意味することと感じている。このことから、アメリカ英語は英語のひとつの変種であるという考え方に慣れようとしているのである。以下、この筋を追ってみよう。

●アメリカ英語の創造力

アメリカ英語のダイナミズムは描写力にある。想像力を働かせ、既存のパターンを工夫し、to lie his way to a high management position（嘘で身を固めて経営陣に加わる）、to laugh his way out of the situation（笑って窮地を切り抜ける）などの構文をつくる。製品や事物を人間と見るのか、sleeper（寝台車）、diner（食堂）、fix-upper（修理の必要なボロ家）といった不思議な言い方さえする。

品詞を自由自在に交換し、to breakfast with him and lunch with her（彼と朝食、彼女とランチをとる）、He let his life do the talking（彼は生活をして語らしめた）、finger-lickin' good（指をしゃぶりたくなるくらいおいしい）、a feet-up-on-the-table, let's-get-to-know-each-other chat（足をテーブルにのせ、気軽に親交を深めようとする会談）といった表現をいくらでもつくる。

これがアメリカ英語の創造力の神髄である。世界の人々はこれらの言い方に感心し、興味をもつ。また、次のようなアメリカン・フットボールの記事の見出しに驚嘆する。動詞が実にユーモラスに工夫されている。事実、アメリカのスポーツライターはイマジネーションを働かせ、英語をおもしろくしている。[*1]

① Cougars Crush Cadets
　（クーガーズ、キャデッツを粉砕）
② Cowboys Corral Buffaloes
　（カウボーイズ、バッファローズを捕捉）

---

*1 Smith and Montgomery (1989)

③ Cougars Down Beavers
　（クーガーズ、ビーバーズを沈める）
④ Navy Submarines Villanova
　（ネイビー、ビラノバを撃沈）
⑤ Texas Tech Spills Rice
　（テキサス工大、ライスを散らす）
⑥ Rice Cooks Arkansas
　（ライス、アーカンソーを料理）

すぐに気づくことであるが、ここではことば遊びの傾向が強く、頭韻（Cougars Crush Cadets）やパン（Cowboys Corral Buffaloes／Navy Submarines Villanova／Rice Cooks Arkansas）は重要なテクニックとなっている。スポーツライターはことば遊びにふけりながら、そのプレッシャーの下で、新しい表現を開拓しているのである。

そういえば、*Time*はずっと以前に次のように書いたことがある。

Although he's a professor emeritus in the school of hard knocks, Mike Tyson was too busy to finish high school...Next year Iron Mike, 23, will hit the books at a home learning center CSU (Central State University) will set up in his suburban Cleveland home....

マイク・タイソンは拳闘科では名誉教授であるが、いままで多忙のあまりハイスクールを卒業していない。来年、彼は23歳にして家庭学習センターで勉学にいそしむ。中央州立大学は彼のクリーブランド郊外の自宅に回線をつなぐ計画を立てている。

前記の方法と同様に、ここにあるhit the booksはhit the sandbags／hit the opponentsなどと語呂合わせをし、practice／studyの意味になっている。このように、アメリカ英語は豊かな表現形成を確立している。しかも、それは常に活動し、けっして淀むことがない。このダイナミックなところが世界の人々を引きつけるのである。

自己の鏡としてのアメリカ英語

アメリカ英語がアメリカン・ジャーナリズムに乗って世界に広まると、もちろんいろいろと注意しなければならないことも出てくる。ジャーナリズムはけっこう bureaucratese（お役所ことば）、Govermentalese（行政ことば）、State Departmentalese（国務省ことば）、Pentagonese（国防省ことば）、White House-ese（ホワイトハウスことば）といったものを、そのまま載せることが多い。これに関連して、PC語と二重表現の問題を考えてみよう。

● PC語

PC語とはアメリカを席巻している「政治的に正しい（Politically Correct）」ことばのことである。この出発点は人種差別や性差別に対する是正運動であった。すなわち、人間は言語の意味体系を通して世界を認識するのであるから、言語を変えなければ人種差別も性差別も解消されないという認識である。[*2]

たとえば、性差別を避けるために、両性にかかわる事柄について、一方の性のみをあらわすことばを使わないようにするという習慣が確立している。chairman に chairwoman が加わり、最後に両性を指示する chairperson ができた（いまは chair）。chairwoman と言うと実力が低いような印象を与えるからである。同じように、fireman→firewoman→fire fighter、policeman→policewoman→police officer、salesman→saleswom-

---

[*2] マッジオ（1987）は重要な情報源である。

an→salesperson（いまはsales representative）などがある。

さらに、act like a man（男らしくふるまう）といった言い方も好ましくないとされ、行動を明確に記述することが求められる。act bravely (courageously)（勇敢にふるまう）、act wisely（賢明にふるまう）、act straightforwardly（直截的にふるまう）といった言い換えが例示されている。

同様に、man's job（大人の仕事）はadult's job、man's work（男の仕事）はworkで十分ということになる。また、salesmanship、sportsmanship、statesmanshipなどはsales ability、fair play、government leadershipのように言い換える。manholeもperson holeとなり、いまではutility access holeなどと呼ばれている。

また、girl／galは女性を低める言い方なので、使わないようにと言われる。calendar girlはcalendar modelのようになる。The fall in prices is great news for housewives.という言い方も不適切とされる。物価の値下がりは主婦だけが喜ぶニュースではないはずなのである。

このようなアメリカ発のレトリックは世界中の英語使用者に影響を与え、インターネットではこの傾向は定着している。日本のビジネスパーソンがインターネットで、I have three girls and four men working for me in my company.と書いたところ、数カ国の人々から注意のメッセージがあり、PC語の威力にあらためて感心したそうである。

ところで、PC運動は建前では反論できないが、本音では受け入れられないところもある。そのために、多くのまがいものをつくり出した。old personをsenior citizenと呼ぶところには優しさと慈しみが感じられ、PC語の真意がわかる。しかし、

それをchronologically gifted（歳月の恩恵を受けた）などとするのは、PC運動に対する八つ当りである。

たしかに、弱い立場の人々の気持ちを傷つけてはならないとか、彼らの地位を向上させなければならないというのは、政治的に正しい考えであろう。しかし、それをことばの上だけですませるのは、欺瞞以外の何ものでもない。illegal alien（不法外国人）をundocumented worker（証明書をもたない労働者）と言い換えるだけでは、無意味なのである。

●婉曲表現と二重表現

このように、PC語は婉曲表現と交錯し、婉曲語法が偽物のPC語の隠れ蓑になる。婉曲語法（ユーフィミズム）は言いにくいことを正確に言わずに、間接的に遠回しに表現する言い方である。このために、婉曲語法は慈しみのことばであると同時に、二重表現（doublespeak、現実の問題を直視せず、事実を歪曲し、虚偽を正当化することば）の機能を強化することにもなる。また、そのような態度を誘発することにもなる。[*3]

政治家や官僚は庶民とは違ったことばを使う。彼らはおおげさな表現をちりばめると、もっともらしく聞こえると信じているようである。木1本だってお役所にかかったら、ただの"a tree"ではすまされなく、a reforestation unit（植林単位）となったりする。スコップ1本もa shovelではおさまらず、a combat emplacement evacuator（戦闘位置掘削機）とさえなる。

政治家も負けずおとらず、したたかである。ブッシュ元大統領は絶対に増税をしないと公約し、"No tax raise. Read my

---

*3 ニーマン／シルバー（1987）は重要である。

lips." とまで公言した。たしかに、彼は tax raise はしなかったが、各種の revenue enhancer（歳入増加策）や revenue enhancement（同）を提案したのである。彼もこの道の天才であった。

企業のトップも同じである。彼らは失業（unemployment）や解雇（dismissal）のことをそう言わずに、それを暗に指すことばをいろいろとつくりだす。次の動詞はほんの一例である。
decruit、dehire、deselect、destaff、discontinue、disemploy、dislocate、non-retain、non-renew、transition、vocationally relocate など。

次は名詞表現の一例である。
degrowing、job separation、payroll adjustment、personnel surplus reduction、redundancy elimination、refocusing of the mix、resource reallocation、reorganization、right-sizing、work force imbalance correction など。

こういった風潮はアメリカの各界に浸透している。used car はいつの間にか reconditioned car となり、garbage man は sanitation engineeer、trash barrel は ecological receptacle となっている。教育界でも、physical education（体育）は human performance、tuition raise（学費の値上げ）は何と fee for quality（質向上費）！

笑ってばかりはいられない。二重表現はコントロールのことばになっている。そして、コントロールされる側もいつのまにかそのレトリックにはまり、そのような表現を使い始める。employee empowerment は文字どおりは従業員強化の意味であるが、実際は人員削減のことなのである。別名の reduction in force は rif と省略され、"He got riffied finally." となると、

何がなんだかわからない。

　要するに、二重表現はコントロールする側がされる側に対して使うことばなのである。アメリカ軍関係者はneutron bomb（中性子爆弾）をclean bomb（きれいな爆弾）と言い換えた。これはもう定着したことばとなっている。こんなふうに言い換えられると、核への恐怖が薄らぐものである。

　日本でもこのような言い方がよくされる。政治、経済、思想、軍事などの分野で、アメリカ英語は日本人の語彙の一部になりつつある。実は、ここに重要な問題がある。日米関係が英語を通じて緊密になるにつれて、私たちは無意識のうちに、アメリカ人のレトリックを受け入れてしまう。

　日本でかつて「死の灰」と呼んでいたものは、いつの間にか「降下物」に変わってしまった。これはアメリカ英語のfalloutを日本語訳した結果である。日本人は自らの経験を語ったことばを捨ててしまったのである。私たちはアメリカ英語を学習する際に、英語の見方を無条件で受け入れてよいのだろうか。自分なりの感受性と考え方で見直す努力が必要ではなかろうか。

　インターネットのディスカッションで、婉曲表現に関する興味深いエピソードがあった。あるアメリカ人はヒロシマ、ナガサキの原爆投下をめぐる議論で、常にhibakushaということばを使っていた。一方、ある日本人はいつもatomic bomb victimsと言っていた。

　アメリカ人にとって日本語から借用したhibakushaは、意味の透明度が弱く、言いにくいことを間接に遠回しに表現するので、婉曲表現になる。atomic bomb victimsと言うと、被害者の意味が明確になり、自分がこのフレーム・オブ・レファレンスにより加害者の立場に立たされることを嫌ったのかもしれ

ない。

　ところで、日本人がアメリカ人の真似をしないで、atomic bomb victimsを通したのは有意義だった。英語を話すからといって、アメリカ英語のレトリックやロジックに同調する必要がないことを示したのである。私たちは英語を使うときにこのような問題をきちっと意識して、英語を自主的に運用する態度をもつ必要があるだろう。

　世界の人々はアメリカ英語に親近感を抱いているが、全面的にそのレトリックを受け入れているわけではない。だから、フェミニズムを支持しながらも、manholeのことをperson holeと言ったり、historyをherstoryにするのを聞くと、何もそこまでしなくてもと思う。

　grass roots（大衆）やrugged individuals（荒削りの個人）というイメージにはなるほどと思うが、aggressiveを肯定的な意味で使ったり、It's your problem, not mine.などと言うのには抵抗がある。4文字語をふんだんに使った悪態表現には脱帽しながらも、自分でやってみたいとは思わない。

　このように、世界の人々は共感なり違和感なりを自由自在に表現しながら、アメリカ英語に接している。これは望ましい方向である。アメリカ英語を学ぶことはアメリカ文化への同化を前提としているわけではない。私たちはアメリカ英語を英語のサンプルとして学ぶなかで、自分たちの感性と思想を見定めることが大切ではなかろうか。アメリカ英語は自分たちの姿を写し出す鏡のひとつなのである。

アメリカ人と世界諸英語

●国際言語への提言

　世界の人々はネイティブ・スピーカーの英語をモデルにしながらも、自分たちの伝統的な言語文化の要素を英語のなかに組み込む。このことから、世界各地でさまざまなノンネイティブ・スピーカー・イングリッシュが発達することになる。アメリカ人の識者は、このことを十分に了承している。ここでまたラリー・スミスの意見を聞こう (Larry Smith, 1983)。

Native speakers must be taught what to expect in spoken and written form when they communicate in English with other internationals. I think native speakers should listen to tapes of non-native speakers talking in English, read business documents written in English produced by multinational corporations, and read literature written in English by non-native speakers.

ネイティブ・スピーカーは世界の人々と英語で交流するときには、彼らの話し方、書き方のパターンについてよく知っておく必要がある。母語話者は非母語話者の英語のテープを聞き、多国籍企業が用意する英文の業務文書を読み、非母語話者の手による文学を鑑賞すべきである。

　国際ビジネスに関係しているアメリカ人は、その意味をいっそう明瞭に理解しているようである。彼らは世界のビジネスマンと英語で交渉するなかで、英語が国際的に広まったからとい

って、アメリカ英語そのものが国際コミュニケーションの媒体となっているわけではないことをよく知っている。

　彼らは一方的にアメリカ英語でことにあたるやり方をとらずに、ノンネイティブ・スピーカーとしての相手の立場を考慮に入れて英語を使う方法を考えるようになっている。これはきわめて重要な認識であり、適切な方向である。次に、具体的に提案されているアドバイスをいくつかあげてみよう（Harris and Morris, 1991）。

① たくさんの意味をもつ語よりも、ひとつの意味をもつ語を選択すること。accurateはひとつの意味しかないが、rightには27の意味がある。

② 少数の非常に一般的なものを除いて、2語動詞は避けた方がよい。take off a teacher（先生のもの真似をする）などの意味は、国際的に理解されにくい。

③ 句読点を十分に利用すること。たとえば、コンマが意味を明瞭にするのであれば、適切に使用した方がよい。

④ 文法の基本に従うこと。特に基本的文型を使用すること。No security regulations shall be distributed to personnel that are out of date. といった言い方はやめて、Do not distribute out-of-date security regulations to personnel. のように言う習慣をつけること。

⑤ 絵画的表現、すなわち意味をイメージ化した言い方は避けた方がよい。wade through these figures（これらの数字に目をとおす）、slice of the free world pie（自由世界資産の一部）などは、文化が違えば理解しがたいものである。

⑥ 相手の文化的背景について多少なりとも知識があれば、謝罪、提案、拒絶、感謝、要望、命令などをするときに、その

文化に適したやり方を練習するのも大切である。たとえば、謝罪をするときには全面的にしなければならないかもしれないし (My deepest apologies for any problems....)、拒否をするときには間接的にしなければならないかもしれない (Your proposal contains some interesting points that we need to study further....)。

⑦ できる限り、相手の文化的価値観を理解し、適応するように努力すべきである。たとえば、個人の業績を大とするか、集団の業績を大とするのかといった次元について、常に興味をもつべきである。価値の傾向が不明の場合は、それなりの対応をしなければならない。"I want to thank you（個人）and your department（集団）...."

⑧ 相手の文化的価値観に合った言い回しを考えるか、多面的な言い回しを考える。たとえば、次の表現では、演繹法と帰納法の両方が使われているのに注意。

Trust among business partners is essential; and our data show that our most successful joint ventures are those in which we invested initial time building a personal trusting relationship.

ビジネスではパートナー間の信頼がきわめて重要である。当社のデータによれば、成功した共同事業の大部分は、早期に個人間の信頼醸成を図ったプロジェクトである。

以上はほんのわずかな例にすぎないが、語彙、文法、表現、文化の面と、広い範囲におよんでいることがわかるだろう。しかも、これらはノンネイティブ・スピーカーの英語の特徴をう

まくつかんでいる。このような態度から、ネイティブ・スピーカーとノンネイティブ・スピーカーが平等の立場で英語を使う状況が展開するものと期待される。

● 「平易な英語」運動

　最後に、アメリカ発のトレンドで、国際的にも大きな影響力をもつ平易な英語について触れておきたい。平易な英語とは、難解な語句、複雑な構文、そして婉曲的な表現をなくし、一読しただけでもだれもが理解できる英語のことである。もちろん、簡潔なだけでは十分ではなく、洗練された文章でなければならない。このために、送り手側の努力と訓練が求められる。

　平易な英語を求める運動 (Plain English Movement) は、アメリカでは盛んである。この運動は、一般の消費者のための種々の契約書が難解な法律用語で書かれていることに対する不満から生じたものである。その後、消費者用製品マニュアルや物品情報、さらにはお役所ことばにも影響がおよんだ。

　法曹界はこの運動を全面的に支持し、法律ことばの見直しを始めた。企業もわかりやすい製品使用マニュアルを考案している。立法府は先駆的な法律を制定し、消費者用に平易な英語の使用を義務づけた。このようにして、この運動は日常生活のさまざまなレベルに浸透し始めた。

　この運動の社会的背景には、1960年代に顕著になった消費者運動の高まり、教育レベルの拡大、大衆民主主義意識の浸透などがあり、いずれも大きな役割を果たした。消費者は自分が署名する契約書や使用する製品の取扱書が、きわめて難解なことばで書かれていることに抗議し、その是正を求めたのである。

　政府と企業も、文書作成に伴う非生産性の問題をなんとか解

決しようと努めてきた。ひとつの方法は不用な文書を作成しない方針で、もうひとつの方法はだれもがわかることばで文章を書く運動である。解読困難な文書を公刊すると、電話や手紙による多数の質問が殺到し、それに回答するために多くのスタッフを抱え込まなければならなくなる。政府と企業はこのような社会的要望に応えて、さらに画期的な対策を講じた。

政府は企業に対して、消費者に関連した文書では平易な英語を使用することを法令化し、企業はこれを遵守するよう努めたのである。これは情報の公開から、公的コミュニケーションへの転換であった。平易な英語を求める最初の法律は、1978年にニューヨーク州で成立した。これは実に単純な法律で、要するに、一般消費者を対象とした金銭、物品、不動産、サービスに関連した5万ドル以下の取り引きにかかわる契約書は、次の条件を守らなければならないとしている。

① 明瞭でわかりやすく、普通の語句で書くこと。
② 適切な区分けをし、見出しをつけること。

愉快なことに、H・ケアリー知事（当時）はこの法律に署名する際に、次のような平易な英語を使って賛意を表明した。

The bill requires consumer contracts to be
  a. Written in plain English.
  b. Appropriately divided.
  c. Properly captioned.

What is a consumer contract?
  A consumer contract is an arrangement about money, goods or services valued at less than 50,000.

When does the bill take effect?
　The bill takes effect on June 1, 1978.

Hugh L. Carey

　同年にマサチューセッツ州は「平易なことばによる生命保険法」を制定し、ニューヨーク州が曖昧にしていた平易な英語をはっきりと定義した。この法律はフレッシュ・スケールという読みやすさの尺度を導入したのである。これはRudolf Flesch, *How to Write Plain English*（New York : Barnes & Noble Books, 1979）に収録されている。

　マサチューセッツ州の法律では、フレッシュ・スコア50以下であってはならないと明記されている。それは高校卒業レベルの英語読解力を示したもので、難易の中間地点を指すものと解釈できる。私のサンプル調査では、専門の科学文書は30、*Time*は45、『聖書』は60、*People*は75である。この尺度は多くの英文ワープロソフトに内蔵されており、自分の書く英語の平易度をすぐに計算してくれる。

　学校やオフィスでは、平易な英語の書き方を教えるコースが準備され、セルフヘルプ用の参考書も多数出版されている。[4]また、クリントン前大統領は1998年に、平易な英語の意義を認識して、この運動を推進することを宣言した。このような意識の高まりの結果だろうか、インターネットなどで遭遇するアメリカ人の英語がノンネイティブ・スピーカーにとてもわかりやすい。だいたいが平易な英語のレベルにあり、文は短く、普通の語句が使われ、適切な見出しや区分けに工夫が見られる。

---

[4] Bailey (1996) と Cutts (1996)

●日本人とアメリカ人と英語の国際性

　ネイティブ・スピーカーとノンネイティブ・スピーカーは今後ますます協力して、英語の国際性を高めていく必要がある。英語は歴史的経緯により国際言語の役割を果たすことになった。その利便性と通用性をさらに開発し、多くの人々の使いやすい言語に形成していくために、それを利用する者は英語の国際性に強い意識をもつべきだろう。

　アメリカ英語はアメリカ人がアメリカ人同士のコミュニケーションのためにつくり出したものである。私たちはそれをサンプルにして英語を勉強するが、何から何までアメリカ人の言うとおりにはできない。アメリカ人も国際的場面で英語を使用する場合は、それなりの適応が求められる。アメリカ英語はそのままでは、国際言語にはならない。

　アメリカ人は学校教育のなかで、広く英語の国際性を学ぶべきである。世界諸英語は文化、機能、構造の面で実に多様であることを正確に理解すべきである。そして、ノンネイティブの話すことを理解し、ノンネイティブによくわかるように話す訓練を受ける必要がある。アメリカ人も英語を国際言語として使うためには、応分の努力をしなければならない。

　日本人は英語をアジアのなかで使い、ノンネイティブの英語運用法について、いろいろなことを知る機会がある。私たちは遠慮せず、それをアメリカ人に伝えていくべきだろう。英語はもはや世界の人々のことばなのである。私たちはそれを国際的に有意義な媒体に仕上げる責任の一端を担っている。同時に、私たちはその発展に貢献する喜びも分かち合うのである。

おわりに

　私は本書で、英語は世界に広く普及して、アジア諸国でももはや欠かせない言語になっていることを述べた。事実、英語はアジアの各地で国内言語になり、同時に国際言語にもなっている。英語はアジア人同士を結ぶ、大切な共通言語なのである。だから、人々は実に熱心に、この言語を自分のものにしようと努力している。

　私たち日本人も、このようなアジアの観点を大切にして、この地域でより多くの人々と意志を伝達できる能力を持つ必要がある。このことを考えるにあたって、ひとつ重要なことがある。私たちははたして、英語の実用性、有効性を十分に理解しているだろうか。日本は国内の国際化が強く求められており、日本のなかでも英語の役割を高めていかなければならないのである。

　文部科学省が2005年に公表した「小学校の英語教育に関する意識調査」という報告書によると、総合学習の時間で「英語活動」に参加している小学生（4年生と6年生）に「英語を勉強する目的」を聞いたところ、「外国に旅行に行ったときに英語を使ってみたい」と答えた生徒が83.1%で、一番多かった。これに対して、「将来英語を使う仕事がしたい」と答えた生徒は32.1%で、一番少なかった。

　同調査では、教員にも「すべての子どもが身に付けるべき英語力」を聞いているが、「英語であいさつや簡単な受け答えができる程度」と答えるものが最も多く、59.7%であった。そして、「英語を使って仕事ができる程度」と答えたものは、2.7%にすぎなかった。日本では、教員も子どもも依然として、英語

は特別なことばで、とくに外国で使うことばであると思っているようなのである。

このために、英語の可能性を過小評価し、英語学習の目標を小さく設定していると言わざるを得ない。日本のなかでも、多くの人々がさまざまな職業で、そしてさまざまな交流で、英語を必要とすることを、よくわかっていないようなのである。たとえば、「英語を使う仕事」とはどういうものなのか。多くの人々は、たぶん、外交官とか商社マンといったエリート職をイメージするのだろう。

たしかに、政治や経済、あるいは報道や文化の最前線で働く人々は国際的な交流を避けて通れないので、優れた英語能力を必要とする。しかし、これらの限られた少数の人々だけが英語を必要とするのではない。英語はエリートだけのことばではなく、一般市民のごくあたりまえのことばになっているのである。

21世紀では、今まで以上に、国籍や文化の違う人々がひんぱんに行き交うものと予想される。こういった人々の往来を結ぶことばのひとつが英語である。これは世界で最も多くの人々が学習していることばであり、最も広範囲に使用されることばなのである。だから、日本人はどんな仕事につこうが、英語が必要になる。

日本社会の国際化はいやおうなく進行するだろう。そうでないと日本はもたない。外国からの観光客、留学生、就業者、定住者の数はさらに増大すると予想される。外国人とのコミュニケーションでは、日本語、英語をはじめ、多言語が必要となる。多くの情報はとりあえず、日本語と英語の併用が求められる。

たとえば、自販機のペットボトルのラベルである。外国人は水が飲みたければ、evianかvolvicにしか目がいかない。これ

らには英語表記があるが、日本の名水にはそれがないからである。これでは、日本茶を飲みたくても、手が届かない。日本製の食品や、その他の生活用品を日本人消費者のみの対象とするのは、もはや得策ではない。

　各メーカーは自社の商品ラベルに魅力的な日英併記を工夫してはどうか。私たちはこういうことを効果的に実行するために、英語ができる人を数多く養成しなければならない。私たちは今後、国外はもとより国内で、ますます英語を必要とするのである。私たちは英語を「外国」のことばと考えるのではなく、日本人のもうひとつのことばと考える必要がある。

　本書がこのような英語観の確立に役立つことを期待したい。

参考文献一覧

相川真佐夫 (2002)「台湾国民小学校における「英語教育」の現状と日本への示唆」『アジア英語研究』Vol. 2.
浅川和也 (1993)「英語教育におけるグローバル教育」『現代英語教育』9月号
浅野博 (1995)「ネイティブ・スピーカーの日本人英語批判をどう考えるか」『現代英語教育』6月号
石井敏 (1998)「日本人と英語の関係」津田幸男編『日本人と英語』国際日本文化センター
井関雄三 (1990)「国際化時代の英語教育のあり方」『英語教育』10月号
伊藤嘉一 (1997)「アジアの早期英語教育」『英語教育』11月号
榎木薗鉄也 (1997)「インドの英語」『英語教育』1月号
大原始子 (1997)『シンガポールの言葉と社会』三元社
大谷泰照 (1997)「韓国の外国語教育事情」『英語教育』11月号
小野原信善 (1998)『フィリピンの言語政策と英語』窓映社
大橋克洋 (1997)「香港の英語教育」『英語教育』11月号
沖原勝明 (1997)「中国の外国語教育事情」『英語教育』11月号
小張順弘 (1997)「フィリピンの英語教育」『英語教育』11月号
河添恵子 (2005)『アジアの英語教育最前線』三修社
斉藤栄二 (1994)「国際化時代に要求される英語とは：ジャパニーズ・イングリッシュ是非論」『英語教育』3月号
斉藤次郎 (1992)「国際語としての英語：何を基準として、何を学ぶのか」『英語教育』9月号
サリバン、グレン (1993)『日本人英語のすすめ』講談社新書
末延岑生 (1990)「ニホン英語」本名編『アジアの英語』くろしお出版
鈴木孝夫 (1985)『武器としてのことば』新潮社
鈴木孝夫 (1999)『鈴木孝夫著作集』(1－8巻) 岩波書店
竹下裕子 (1997)「タイの英語教育」『英語教育』11月号
竹下裕子／石川卓編著 (2004)『世界は英語をどのように使っているか』新曜社
田嶋宏子 (1997)「シンガポールの英語」『英語教育』1月号

田嶋宏子 (1997)「シンガポールの英語教育」『英語教育』11月号
中山行弘 (1992)「異文化コミュニケーションのための英語：多国籍英語のすすめ」『現代英語教育』2月号
中山行弘 (1994)「国際語としての英語」本名／秋山／竹下／ホッファ編『異文化理解とコミュニケーション1』三修社
ニーマン、J・S／シルバー、C・G (1987)『英米タブー表現辞典』大修館書店
橋内武 (1989)「英米語・新英語・国際英語」『現代英語教育』12月号
バトラー後藤裕子 (2005)『日本の小学校英語を考える』三省堂
日野信行 (1989)「日本式英語の可能性」『現代英語教育』12月号
藤田剛正 (1993)『アセアン諸国の言語政策』穂高書店
ホール、E・T (1979)『文化を超えて』TBSブリタニカ
本名信行／ホッファ、ベイツ編 (1986)『日本文化を英語で説明する辞典』有斐閣
本名信行／ホッファ、ベイツ編 (1989)『日本人の考え方を英語で説明する辞典』有斐閣
本名信行編 (1990)『アジアの英語』くろしお出版
本名信行 (1993)『文化を超えた伝え合い』開成出版
本名信行 (1995)「英米以外の英語の姿：アジアのなかで」『英語教育』6月号
本名信行 (1995)「異文化コミュニケーションの留意点」『英語教育』11月号
本名信行 (1996)「インターネット時代の英語事情」『日本語学』1月号
本名信行 (1997)「フィリピンの英語」『英語教育』1月号
本名信行 (1997)「アジア英語と日本人」『現代英語教育』8月号
本名信行 (1997)「ベトナムの英語教育」『英語教育』11月号
本名信行 (1998)「英語の国際化と多様化」『日本語学』9月号
本名信行編 (2002)『アジア英語辞典』三省堂
本名信行編著 (2002)『事典　アジアの最新英語事情』大修館書店
本名信行 (2003)『世界の英語を歩く』集英社新書
本名信行／秋山高二／竹下裕子／ホッファ、ベイツ編 (2004)『異文化理解とコミュニケーション1 (第2版)』三修社
本名信行／松田岳士編 (2005)『国際言語としての英語：世界へ展開する大学院eラーニングコースの研究開発』アルク

松井道男 (1984)『日本式英語でかまわない』第三書館
マッジオ、ロザリー (1987)『性差別をなくす英語表現』Japan Times
宮原文夫／木下正義 (1997)「中・韓・日大学生の英語力比較」『英語教育』11月号
山田雄一郎 (2003)『言語政策としての英語教育』渓水社

Adamson, Bob (2004) *China's English*. Hong Kong: Hong Kong University Press.

Affendras, Evangelos A. and Kuo, Eddie C. Y. eds. (1980) *Language and Society in Singapore*. Singapore : Singapore University Press.

Asiaweek (1982) "Stopping the Rot." October 15, pp. 29-40.

Bailey, Jr., Edward P. (1996) *Plain English at Work*. New York: Oxford University Press.

Bautista, Maria Lourdes S. (1997) *English is an Asian Language: The Philippine Context*. Australia: The Macquarie Library Pty Ltd.

Bolton, Kingsley ed. (2002) *Hong Kong English*. Hong Kong: Hong Kong University Press.

Brown, Adam (1992) *Making Sense of Singapore English*. Singapore: Federal Publications.

Chen, Su-chiao (2003) *The Spread of English in Taiwan*. Taipei: Crane Publishing Co., Ltd.

Cheshire, Jenny ed. (1991) *English Around the World*. Cambridge: Cambridge University Press.

Cooper, Robert L. (1996) *Language Planning and Social Change*. Cambridge: Cambridge University Press.

Cruz, Isagani R. and Bautista, Maria Lourdes S. (1995) *A Dictionary of Philippine English*. Manila : Anvil Publishing Inc.

Crystal, David (1985) "How Many Million? The Statistics of English Today." *English Today,* 1.

Crystal, David (1997) *English as a Global Language*. Cambridge: Cambridge University Press.

Cutts, Martin (1996) *The Plain English Guide*. New York: Oxford University Press.

Denham, P. A. (1992) "English in Vietnam." *World Englishes*, Vol. 11. No. 1.

Dudley-Evans, Tony and St. John, Maggie Jo (1998) *Developments in English for Specific Purposes*. Cambridge: Cambridge University Press.

Far Eastern Economic Review (1996) "English in Asia." March 16, pp. 40-44.

Fishman, Josha A., Cooper, Robert L. and Conrad, Andrew W. (1997) *The Spread of English*. Rowley, Massachusetts: Newbury House Publishers, Inc.

Foley, J. A. et. al. (1998) *English in New Culutural Contexts: Reflections from Singapore*. Singapore: Singapore Institute of Management, Oxford University Press.

Gonzales, Andrew (1998) *The Role of English and Its Maintenance in the Philippines*. Manila: Solidaridad Publishing House.

Gopinathan, S., Pakir, Anne, Ho, Wah Kam and Saravanan, Vanithamani (1994) *Language, Society and Education in Singapore: Issues and Trends*. Singapore: Times Academic Press.

Guputa, R. S. and Kapoor, Kapil (1991) *English in India: Issues and Problems*. Delhi: Academic Foundation.

Harris, Philip R. and Moran, Robert T. (1991) *Managing Cultural Differences*. (Third Edition) Houston, Texas: Gulf Publishing Company.

Ho, Mian Lian (1991) "Forms and Functions of Reduplication in Colloquial Singapore English." *Asian Englishes*, Vol. 1, No. 2.

Ho, Mian Lian and Platt, John T. (1993) *Dynamics of a Contact Continuum: Singaporean English*. New York: Oxford University Press Inc.

Ho, Wah Kam and Wong, Ruth Y. L. eds. (2003) *English Language Teaching in East Asia Today.* Singapore: Eastern Universities Press.

Honna, Nobuyuki (1995) "English in Japanese Society: Language within Language." *Journal of Multilingual and Multicultural Development*, Vol. 16, Nos 1 & 2.

Honna, Nobuyuki and Takeshita, Yuko (1998) "On Japan's Propensity for Native Speaker English: A Change in Sight." *Asian Englishes*, Vol. 1, No. 1.

Joo, Mary Tay Wan (1993) *The English Language in Singapore*. Singapore: Unipress, National University of Singapore.

Jurado, Emil P. and German, Reli L. (1994) *Eraption: How to Speak*

English without Really Trial. Manila: Oxford Printing Corporation.

Kachru, Braj B. (1976) "Models of English for the Third World." *TESOL Quarterly*, 10-2.

Kachru, Braj B. (1986) *The Alchemy of English*. Oxford: Pergamon Press.

Kachru, Braj B. (1996) "World Englishes: Agony and Ecstasy." *Journal of Aesthetic Education*, Vol. 30, No. 2.

Kachru, Braj B. ed. (1992) *The Other Tongue*. Urbana and Chicago, Illinois: University of Illinois Press.

Kachru, Braj B. (2005) *Asian Englishes Beyond the Canon*. Hong Kong: Hong Kong University Press.

Kachru, Braj B., Kachru, Yamuna, and Nelson, Cecil L. eds. (2006) *Blackwell Handbook of World Englishes*. Oxford: Blackwell Publishing.

Kaplan, Robert B. and Baldauf, Jr., Richard B. (1997) *Language Planning: From Practice to Theory*. Clevedon, U. K.: Multilingual Matters Ltd.

Kandiah, Thiru and Kwan-terry, John eds. (1994) *English and Language Planning: A Southeast Asian Contribution*. Singapore: Times Academic Press.

Koster, Cor (2004) *A Handbook on Language Auditing*. Amsterdam: Editions 'De Werelt'.

Lee, Su Kim (1998) *Manglish: Malaysian English at its Wakiest!* Kuala Lumpur: Times Books International.

Martin, P. W., Ozog, A. C. K. and Poedjosoedarmo, G. eds. (1996) *Language Use and Language Change in Brunei Darussalam*. Ohio: Ohio University Press.

Mehrotra, Raja Ram (1982) "Indian English: A Sociolinguistic Profile." In Pride.

Muthiah, S. (1991) *Words in Indian English*. New Delhi: Indus.

Newbrook, Mark ed. (1987) *Aspects of the Syntax of Educated Singaporean English: Attitudes, Beliefs, and Usage*. Frankfurt am Main: Peter Lang.

Nihalani, Paroo, Tongue, R. K. and Hosali, Priya (1995) *Indian and British English*. Delhi: Oxford University Press.

Othman, Noor Azam Haji and Mclellan, James (2000) "Brunei Culture, English Language: Textual Reflection of an Asian Culture Located in the English-Language Output of Bruneians." *Asian Englishes*, Vol.3, No.1.

Pakir, Anne (1988) "Education and Invisible Language Planning: The Case of English in Singapore."Singapore: Center for Advenced Studies and Department of English Language and Literature, National University of Singapore.

Pakir, Anne (1992) *Words in a Cultural Context*. Singapore: Unipress, National University of Singapore.

Pakir, Anne ed. (1993) *The English Language in Singapore: Standards and Norms*. Singapore: Singapore Association for Applied Linguistics.

Pang, Jixian, Zhou, Xing and Fu, Zheng (2002) "English for International Trade: China Enters the WTO." *World Englishes*, Vol.21, No.2.

Parakrama, Arjuna (1995) *De-Hegemonizing Language Standars*. London: MacMillan Press Ltd.

Parasher, S. V. (1991) *English in India: Functions and Form*. New Delhi: Bahri Publications.

Patil, S. N. (1994) *Style in Indian English Fiction*. New Delhi: Prestige Books.

Pennycook, Alastair (1994) *The Culutural Politics of English as an International Language*. London: Longman.

Pennycook, Alastair (1998) *English and the Discourses of Colonialism*. London: Routledge.

Philipson, Robert (1992) *Linguistic Imperialism*. Oxford: Oxford University Press.

Pham, Minh Hac (1993) *Education in Vietnam: Situation, Issues, Policies*. Hanoi: Ministry of Education and Training.

Platt, John (1991) "Social and Linguistic Constraints on Variation in the Use of Two Grammatical Variables in Singapore English."In Cheshire.

Platt, J., Weber, H. and Ho, M. L. (1984) *The New Englishes*. London: Routledge and Kegan Paul.

Pride, John B. ed. (1982) *New Englishes*. Rowley, Massachusetts: New-

bury House.
Proshina, Zoya G. ed. (2004) *Crossroads: English-Russian Dictionary of East Asia Culture*. Vladivostok: Far Eastern University Publication Department.
Proshina, Zoya G. (2005) "Russian English: Status, Attitudes, Problems." Paper presented at the 3rd Asia TEFL Conference, Beijing, November 2005.
Reeves, Nigel and Wright, Colin (1996) *Linguistic Auditing*. Clevedon: Multilingual Matters LTD.
Schmied, Josef (1991) *English in Africa*. London: Longman.
Smith, Larry E. ed. (1983) *Readings in English as an International Language*. Oxford: Pergamon Press.
Smith, Larry E. ed. (1987) *Discourse Across Cultures: Strategies in World Englishes*. New York: Prentice Hall.
Smith, M. and Montgomery, M. (1989) "The Semantics of Winning and Losing."*Language in Society*, Vol. 18, No. 1.
Suenobu, Mineo (1995) *Communicability Within Errors*. Kobe, Japan: Kobe University of Commerce Reseach Institute of Economics.
Svalberg, A. (1998) "Nativization in Brunei English: Deviation vs. Standard." *World Englishes* 17.3.
Tay, Mary (1982) "The Uses, Users, and Features of English in Singapore."In Pride.
Tickoo, Makhan L. (1995) *Language and Culture in Multilingual Societies*. Singapore: SEAMEO RELC.
Tickoo, A. (1996) "Learner Hypothesis and Past Tense Marking in Vietnamese English."*World Englishes*, Vol. 15, No. 2.
Teng, Su Ching and Ho, Mian Lian (1995) *The English Language in Singapore: Implications for Teaching*. Singapore: Singapore Association for Applied Linguistics.
Zhang, Hang (2003) "English Bilingual Education in China." *Asian Englishes*, Vol.6, No.1.

●アジア英語や世界諸英語に関連した専門誌

Asian Englishes: An International Journal of the Sociolinguistics of English in Asia / Pacific. Tokyo: ALC Press. Inc.

World Englishes: Journal of English as an International and International Language. Oxford: Blackwell Publishers Ltd.

English World Wide. Amsterdam: John Benjamins Publishing.

本名信行
<ruby>本<rt>ほん</rt></ruby><ruby>名<rt>な</rt></ruby><ruby>信行<rt>のぶゆき</rt></ruby>

青山学院大学国際政治経済学部教授。社会言語学、言語政策学、国際コミュニケーション研究専攻。アジアにおける英語の普及と変容を社会言語学的に考察する国際学術専門誌 *Asian Englishes*（アルク）編集長。主な編著書に『日本文化を英語で説明する辞典』（有斐閣）、『アジア英語辞典』（三省堂）、『事典アジアの最新英語事情』（大修館書店）、『世界の英語を歩く』（集英社）、『国際言語としての英語』（アルク）など。

英語はアジアを結ぶ

2006年3月1日　第1刷

著者	本名信行
発行者	小原芳明
発行所	玉川大学出版部

〒194-8610 東京都町田市玉川学園 6-1-1
TEL 042-739-8935　FAX 042-739-8940
http://www.tamagawa.jp/introduction/press
振替　00180-7-26665

装幀	しまうまデザイン
組版	(有) プレイス
印刷・製本	藤原印刷株式会社

乱丁本・落丁本はお取替いたします
© Honna Nobuyuki 2006 Printed in Japan
ISBN4-472-30292-6　C1082 / NDC830